Alexander Thomas

—

Grundlagen der interkulturellen Psychologie

Interkulturelle Bibliothek

INTERKULTURELLE BIBLIOTHEK

Herausgegeben von

Hamid Reza Yousefi, Klaus Fischer,
Ram Adhar Mall, Jan D. Reinhardt und Ina Braun

Band 55

Grundlagen der interkulturellen Psychologie

von
Alexander Thomas

Traugott Bautz
Nordhausen 2005

Bibliografische Information der Deutschen Bibliothek
Die Deutsche Bibliothek verzeichnet diese Publikation
in Der Deutschen Nationalbibliographie;
detaillierte bibliografische Daten sind im Internet
über http://dnb.ddb.de abrufbar.

Umschlagsentwurf von Susanne Nakaten und Ina Braun

Verlag Traugott Bautz GmbH
99734 Nordhausen 2005

Printed in Germany
ISBN 978-3-88309-226-3
www.bautz.de
www.bautz.de/interkulturell.shtml

Inhaltsübersicht

1. Die Anfänge

Die Begegnung und der Austausch von Menschen unterschiedlicher nationaler Herkunft und der Austausch von Gütern und Ideen über Kontinente hinweg hat eine weit in die Geschichte zurückreichende Tradition (z.B. Seidenstraße, Salzstraße, Weihrauchstraße). Sie sind kein exklusives Merkmal der Moderne, wohl aber hat die moderne Verkehrs- und Informationstechnologie die Grenzen und Kontinente überschreitenden internationalen und globalen Aktivitäten wesentlich erleichtert und gefördert. Mit der Internationalisierung und Globalisierung fast aller Bereiche unserer Gesellschaft hat die Bedeutung interkulturellen Handelns, die Entwicklung von Kompetenzen zur Bewältigung der sich aus diesen Prozessen ergebenden Anforderungen sowie in deren Verlauf die der Förderung interkulturellen Lernens, interkulturellen Verstehens und interkultureller Handlungskompetenz enorm zugenommen.

Die intellektuelle und wissenschaftliche Beschäftigung mit den Bedingungen, Verlaufsprozessen und Wirkungen interkulturellen Handelns hat ebenfalls eine lange Tradition, neben vielen anderen wissenschaftlichen Disziplinen auch in der Psychologie. So bemerkt beispielsweise (Straub (2006) in einer Abhandlung über historische Positionen und Entwicklungslinien einer die Kultur integrierenden Psychologie: »Die systematische und methodische Einbeziehung der Kulturen auch unter psychologischen Gesichtspunkten findet sich – seit dem sog. Übergang vom ›Mythos‹ zum ›Logos‹ im antiken Griechenland (Nestle, 1940) – in theologischen, philosophischen, historischen, ethnologischen, anthropologischen, inter- und transdisziplinären Diskursen. Daran ändert die Tatsache nichts, daß viele der uns heute vertrauten Disziplinen seinerzeit gar nicht existierten, darunter die Psychologie, für die die alten Griechen noch nicht einmal ein Wort hatten – trotz ihrer zahlreichen, teilweise bis heute einflußreichen ›psychologischen‹ Beiträge [...] Auch die an kulturvergleichende Betrachtungen gebundene Erforschung psychologischer Universalien und Differenzen schöpft aus antiken Quellen. Das bezeugen etwa – pars pro toto – Herodots ›Neun Bücher zur Geschichte‹ (Herodot, 2004). Dieser Autor, der zeitlebens mehr als 50 Länder bereiste und nicht zuletzt seine eigenen Beobachtungen wissenschaftlich verarbeitete, darf nicht nur als ›Pater Historiae‹ (sowie als Vater der Ethnographie und Ethnologie) gelten. Er wirkte vor fast zweieinhalbtausend Jahren auch als ein herausragender Vorläufer und Wegbereiter einer erfahrungswissenschaftlichen Kulturpsychologie und kulturvergleichenden Psychologie (Straub, 2005). Ähnliche Funktionen erfüllen viele Denker und andere Forscher, die ihren angestammten Platz in der europäischen Geistesgeschichte haben – wenn auch nicht als ›Psychologen‹.

Darauf insistiert Chakkarac (2003). Er erkennt in zahlreichen Schriften bereits aus der Zeit der griechischen und römischen Antike, sodann des Mittelalters und der (frühen) Neuzeit klare Belege für die Existenz einer theoretisch, methodologisch und methodisch versierten, erfahrungswissenschaftlichen kulturpsychologischen bzw. kulturvergleichenden Forschung. Weitere Darlegungen zu den historischen Wurzeln der psychologischen Beschäftigung mit kulturellen Einflüssen auf menschliches Verhalten und Erleben finden sich bei Chakkarac (2003).

In der Entwicklung der modernen Psychologie, beginnend etwa mit der Gründung des ersten experimentalpsychologischen Labors in Leipzig (1879) durch Wilhelm Wundt (1832-1920) haben sich zwei unterschiedliche Forschungsrichtungen entwickelt und verfestigt: Kulturvergleichende

Psychologie und Kulturpsychologie, auf die im Folgenden näher eingegangen werden muß, da sie in enger Beziehung stehen zu der dann im Detail zu behandelnden interkulturellen Psychologie.

Alexander Thomas
Regensburg, Oktober 2005

2. Kulturvergleichende Psychologie und Kulturpsychologie

Bereits in der ersten Hälfte des 20. Jahrhunderts gab es eine Reihe bekannter Psychologen, die sich in ihren Schriften mit der Kulturthematik auseinandersetzten. Zu nennen sind vorrangig Wilhelm Wundt mit seiner 10 Bände umfassenden Völkerpsychologie (1904), Carl Gustav Jung (1912), Moritz Lazarus und Hajim Steinthal (1860/1997), Richard Thurnwald (1924) und Willi Helpach (1938, 1953).

Unter dem Sammelbegriff »Völkerpsychologie« knüpfen diese Autoren direkt oder indirekt an die bis heute nachwirkenden Ideen von Johann Gottfried Herder (1784) über das Walten des »Volksgeistes« an, in dem er die besondere schöpferische und vereinigende Quelle der historischen Entwicklung verschiedener Völker vermutete. So unternahm die Völkerpsychologie den Versuch, in den von Menschen geschaffenen Kulturprodukten das eigentlich kreative psychische Potenzial ganzer Volksgemeinschaften zu ergründen, und zwar sowohl hinsichtlich ihrer universellen Erscheinungsform, die für die gesamte Menschheit gleich sein sollte, als auch in ihren zeitbedingten und kulturspezifischen Erscheinungsformen, die nur für bestimmte Gesellschaften Gültigkeit beanspruchen. Wilhelm Wundt beispielsweise konzipierte seine Völkerpsychologie als eine Erweiterung seiner Individualpsychologie. Er wollte damit zeigen, daß der Erwerb höherer geistiger Fähigkeiten an das Leben in der Gemeinschaft und die aus dem Zusammenleben vieler hervorgehenden geistigen Errungenschaften gebunden ist. So schrieb er in der Einleitung zu seinem Buch ›Elemente der Völkerpsychologie – Grundlinien einer psychologischen Entwicklungsgeschichte der Menschheit‹ (1913): »So dürfen wir denn heute wohl die Völkerpsychologie als einen

Teil der Psychologie betrachten, über dessen Berechtigung und Aufgabe kein Zweifel mehr bestehen kann.

Diese Aufgabe ist uns in all den geistigen Erzeugnissen gegeben, die aus der Gemeinschaft des menschlichen Lebens hervorgehen und die nicht aus den Eigenschaften des einzelnen Bewußtseins allein zu erklären sind, weil sie die Verwirklichung vieler voraussetzen. In der Tat wird uns dieses Merkmal im Folgenden überall als Kriterium des Völkerpsychologischen begegnen. So ist denn auch die Völkerpsychologie bei der Analyse der höheren geistigen Vorgänge eine unentbehrliche Ergänzung der Psychologie des Einzelbewußtseins, und bei manchen Fragen sieht sich schon diese genötigt, völkerpsychologische Motive zu Rate zu ziehen« (S. 3). Für Wundt stehen Individuum und Gemeinschaft, Individualpsychologie und Völkerpsychologie in einem wechselseitigen Beziehungsverhältnis zueinander: »Demnach besteht die Aufgabe dieses Teilgebiets der Psychologie in der Untersuchung derjenigen psychischen Vorgänge, die der allgemeinen Entwicklung menschlicher Gemeinschaften und der Entstehung gemeinsamer geistiger Erzeugnisse von allgemein gültigem Wert zugrunde liegen« (S. 1). »Aber wie nicht die psychischen Elemente im isolierten Zustande, sondern ihre Verbindungen und die hieraus entspringenden Produkte das bilden, was wir eine Einzelseele nennen, so besteht die Volksseele im empirischen Sinne nicht aus einer bloßen Summe individueller Bewußtseineinheiten, deren Kreise sich mit einem Teil ihres Umfangs decken; sondern auch bei ihr resultieren aus dieser Verbindung eigentümliche psychische und psychophysische Vorgänge, die in dem Einzelbewußtsein allein entweder gar nicht oder zumindest nicht in der Ausbildung entstehen könnten, in der sie sich in Folge der Wechselwirkungen der einzelnen entwickeln« (Wundt, 1911, S. 10).

Aus heutiger Sicht ist zu bedenken, daß der von der Völkerpsychologie selbst geschaffene Anspruch, kulturelle Dimensionen menschlichen Daseins mit in die psychologische Analyse einzubeziehen, von ihr selbst nicht eingelöst wurde, da sie weitgehend der europäischen Tradition verhaftet blieb. Dies hatte sicherlich auch mit den weitgehend theoretisch-spekulativen Auseinandersetzungen mit kulturellen Produkten zu tun, in denen der zentrale Entstehungsprozeß in seinen kulturspezifischen Ausprägungen nicht mehr erkennbar ist. Die Völkerpsychologie kann aber insofern als Vorläufer einer aktuellen Kulturpsychologie angesehen werden, da sie bereits relativ früh in den von ihr aufgeworfenen Problemstellungen die Defizite einer zu einseitig naturwissenschaftlich ausgerichteten Psychologie deutlich werden ließ. So konzentriert sich das Interesse der an kulturspezifischen Fragestellungen interessierten Psychologen bis heute auf zwei unterschiedliche Problemfelder, die mit den Begriffen »Kulturvergleichende Psychologie« und »Kulturpsychologie« gekennzeichnet werden. Weitere Ausführungen zu diesen beiden Teildisziplinen der mit Kultur befaßten Psychologie finden sich bei Straub (2006), Boesch & Straub (2006) und Chakkarac (2003), Thomas (2003).

3. Kulturvergleichende Psychologie

Die Psychologie ist generell bestrebt, Bedingungen, Verlaufsprozesse und Wirkungen menschlichen Verhaltens und Erlebens zu analysieren. Mit Hilfe laborexperimenteller und feldexperimenteller Methoden, systematischer Beobachtung und Befragung werden Verhalten und Erleben einzelner Personen oder einer für statistische Analysen ausreichend großen Zahl von Personen bzw. von Gruppen untersucht. Die dabei entdeckten Zusammenhänge zwischen definierten äußeren Merkmalen und Bedingungskonstellationen und innerem Erleben und individuellen Verhaltensreaktionen bilden die Erkenntnisgrundlage zur Formulierung psychologischer Theorien. Dabei läuft die Psychologie Gefahr, die an einzelnen Personen oder Gruppen gewonnenen Erkenntnisse auf den Menschen schlechthin zu generalisieren. Entdeckte Zusammenhänge zwischen äußeren Reizkonstellationen und innerem Erleben bzw. Verhalten und die daraus formulierten psychologischen Gesetzmäßigkeiten und Theorien werden meist so behandelt, als seien sie für Menschen allgemein gültig.

Gewonnen werden diese Erkenntnisse zwar zu einem bestimmten Zeitpunkt und aus der Beobachtung einer meist nur geringen Anzahl von Personen mit ihren jeweiligen, sehr individuellen Entwicklungsverläufen, doch erfolgen daraus Schlußfolgerungen, die meist implizit auf den Menschen schlechthin generalisiert werden. Es wird unterstellt, daß Menschen unabhängig von Raum (Lebensraum) und Zeit (historischer Kontext und Entwicklung) auf eine bestimmte Reizkonfiguration so und nicht anders reagieren.

Hier setzt nun die kulturvergleichende Psychologie an, die – eingebunden in die nomothetisch-positivistisch ausgerichtete Allgemeine Psychologie – versucht zu prüfen, ob die gefundenen Gesetzmäßigkeiten psychischer Prozesse des Menschen universelle oder nur kulturspezifische Gültigkeit besitzen. So gesehen»definiert sich die Kulturvergleichende Psychologie weniger durch einen genuinen Gegenstandsbereich, denn als eine methodische Strategie, die zwei Hauptziele verfolgt: Die Analyse der kulturellen Einflüsse auf psychologische Entwicklung (Differenzierungsstudien) und das Auffinden psychologischer Universalien (Ähnlichkeiten) hinter den kulturbedingten Oberflächenvariationen psychischer Strukturen und Funktionen (Generalisierungsstudien).

Letztendlich liegt beiden Zielsetzungen die Suche nach universellen Gesetzmäßigkeiten zugrunde, nämlich in empirischer Tradition die Suche nach allgemein gültigen, statischen Beziehungen zwischen unabhängigen (kulturellen) Variablen und abhängigen (psychologischen) Variablen und in psychophysischer oder rationalistischer Tradition die Suche nach allgemeinen Gesetzmäßigkeiten des ›Human Design‹, die kontextunabhängig überall und immer zu gleichen psychologischen Dispositionen führen. Damit repliziert die Kulturvergleichende Psychologie die Form des anthropologischen Diskurses, den die Psychologie auch intrakulturell eingeschlagen hat; allerdings ergeben sich in der ›quasi-experimentellen‹ Anordnung psychischer Merkmale im Weltlabor Variationsmöglichkeiten, die die methodische Attraktivität des Kulturvergleiches ausmachen und in denen eine Bereicherung der Psychologie durch den Einbezug fremdkultureller Lebenskontexte gesehen wird.

Als Beispiele der erweiterten experimentellen Möglichkeiten durch den Kulturvergleich lassen sich anführen: die Erweiterung der experimentell betrachtbaren Variablen bzw. die Ausdehnung ihres Ausprägungsgrades (Maximierung von Varianz), die Entkonfundierung von innerhalb einer Kultur immer gemeinsam auftretenden Variablen, die Überprüfbarkeit von Variablen in natürlichen, alltäglichen Settings, die in der eigenen Kultur nur im Labor herstellbar sind, das Umgehen ethischer Probleme und damit insgesamt die Bereicherung theoretischer Modelle« (Krewer, 1992, S. 247). Weitere Diskussionen über die Möglichkeiten, Probleme und Grenzen kulturvergleichender psychologischer Forschungen finden sich bei Thomas (2003a²) und Kornadt & Trommsdorff (2006).

Die vergleichsweise reichhaltige Literatur zur kulturvergleichenden Psychologie und die regelmäßig stattfindenden Kongresse der entsprechenden Fachgesellschaften behandeln die klassischen Teilgebiete der Psychologie wie Wahrnehmung, Denken, Motivation, Emotion, Motorik und Handeln sowie Entwicklungspsychologie, Persönlichkeitspsychologie, Sozialpsychologie, Klinische Psychologie, Pädagogische Psychologie, Arbeits- und Organisationspsychologie unter kulturvergleichenden Aspekten, suchen nach Gemeinsamkeiten und Unterschieden zwischen den Kulturen, wobei in der Regel ein an Nationen und Sprachen gebundener Kulturbegriff zu Grunde gelegt wird. Studien, bei denen die Ausprägung eines spezifischen psychischen Merkmals in Abhängigkeit von bestimmten Kontextbedingungen bei Stichproben aus mehreren Ländern miteinander verglichen wird, sind die Regel.

4. Kulturpsychologie

Die Kulturpsychologie hat viele Quellen. Eine liegt – wie bereits erwähnt – in den Grundgedanken der Völkerpsychologie, auf die hier aber nicht mehr näher eingegangen werden soll. Gegenwärtig lassen sich Ziele, Anliegen und Gegenstandsfeld einer Kulturpsychologie, die interdisziplinär orientiert ist und vom Menschen als einem zielorientiert handelnden, selbstreflexiven Wesen ausgeht, mit Hilfe des von Krewer (1992, S. 263 ff.) entworfenen kulturpsychologischen Modells so beschreiben:

Kulturpsychologie strebt die Überwindung der mit der Entstehung der wissenschaftlichen Betrachtung des Menschen einhergehenden Fragmentierung des anthropologischen Diskurses an. Dabei geht es um die Aufhebung der Bestimmung des Menschen allein auf seine objektivierbaren, naturgegebenen Merkmale und die Einbeziehung seiner selbstkonstruktiven und selbstreflexiven Kompetenz in den anthropologischen Diskurs.

Der Mensch wird dementsprechend konzipiert als ein Lebewesen, das durch seine Fähigkeit zur Reflexivität, Selbstreflexivität und Intersubjektivität in der Lage ist, seine naturgegebene Ausstattung durch die Schaffung materieller, sozialer und ideeller Strukturen seines externen Handlungsfeldes zu realisieren, zu erweitern und diese kulturellen Errungenschaften an nachfolgende Generationen zu übermitteln. In diesem Sinne strebt die Kulturpsychologie eine Zusammenführung der Bestimmungen des Menschen als Natur- und Kulturwesen sowie eine Überwindung der Subjekt-Objekt-Trennung an.

Hinsichtlich der methodischen Orientierung wird eine Anerkennung sowohl experimenteller wie hermeneutischer Methoden gefordert. Kausale Erklärungen, die aus experimentellen Erfahrungen abgeleitet werden können, werden dabei nicht als hinreichend angesehen, um die Bedingungen menschlichen Handelns in solchen komplexen Alltagssituationen vorherzusagen, in denen gerade der nicht kausal determinierten Befolgung von Regeln eine wesentliche Regulationsfunktion zukommt.

Wesentliche Zielsetzung der Kulturpsychologie ist die Analyse des Erwerbs personaler Handlungsfähigkeit, die aus einem zunehmend komplexen Verständnis der eigenen Innenwelt, der Mitwelt und der Umwelt durch die subjektive Verarbeitung instrumenteller und kommunikativer Handlungserfahrungen aufgebaut wird. Dieser individuelle Konstruktionsprozeß ist allerdings eingebettet und vorstrukturiert durch kulturelle Modelle der Strukturierung der Erfahrungswelt sowie des berechenbaren und verantwortlichen Handelns durch soziale Regeln des Miteinanderumgehens und durch kulturelle Wissenssysteme, die den Umgang mit der Objektwelt vermitteln. Um gerade diese Beziehung zwischen den Strukturierungen des internen personalen Handlungsfeldes und des externen kulturellen Handlungsfeldes abbilden zu können, erweitert die Kulturpsychologie die traditionelle Betrachtungsrichtung der Psychologie, indem sie das handelnde Individuum in seiner Interaktion mit einem bedeutungsvollen Kontext oder bei seiner Konstruktion und Rekonstruktion kontextbezogener kognitiver und affektiver Schematisierungen analysiert. Gerade das Wechselspiel zwischen subjektiver Konstruktion und intersubjektiver Ko-konstruktion auf der einen Seite und der Rekonstruktion bereits bestehender kultureller Bedeutungssysteme wird im Rahmen der Kulturpsychologie auf vier verschiedenen Entwicklungsebenen thematisiert:

1. Phylogenetische Entwicklungsebene:

Hier stellt sich die Frage nach der wechselseitigen Bedingung kultureller Errungenschaften wie Sprache, Schrift, Werkzeuggebrauch usw. und struktureller Veränderungen der menschlichen Anpassungsfähigkeit im psychischen Bereich.

2. Aktualgenetische Ebene:

Hier stellt sich die Frage nach der situativen Einbettung von Zielbildungsprozessen, Mittelauswahl, Handlungsregulation und der Verarbeitung von Handlungsergebnissen.

3. Ontogenetische Ebene:

Hier stellt sich die Frage, wie die kognitive und affektive Schematisierung von Handlungserfahrungen als Grundlage der Entwicklung individueller Handlungsfähigkeit im Verlauf der Ontogenese konstruiert wird. Die Analyse dieses Konstruktionsprozesses baut auf der Betrachtung individueller Handlungserfahrung als passivem Bedeutungserwerb und der Handlungsausführung als aktiver Selbstvergewisserung auf. Die Strukturierung dieser beiden Basisprozesse des kognitiven Erwerbs personaler Handlungsfähigkeit durch die naturgegebenen, nicht selbst erzeugten Bedingungen menschlichen Handelns und durch die selbst geschaffenen kulturellen Bedeutungssysteme ist der zentrale Aspekt der ontogenetischen Entwicklung.

4. Historiogenetische Ebene:

Hier stellt sich die Frage nach der Wechselbeziehung zwischen psychischer Entwicklung und kulturellem Wandel (z.B. Wertewandel, Wandel von Menschen- und Weltbildern über längere Zeiträume).

In dem hier beschriebenen Sinne ist die Kulturpsychologie eine interpretative, hermeneutische Wissenschaft, die durch die Perspektivenübernahme der »fremden« Handlungsperspektive und den Dialog mit anderen Formen der anthropologischen Selbstreflexion ihrer eigenen theoretischen Ausführungen immer wieder in neue »interkulturelle« Sichtweisen von naturgegebenen und selbsterzeugten Möglichkeiten und Grenzen des Menschseins überführt. Ähnlich wie innerhalb der Kulturanthropologie zeigen sich Entwicklungen in dieser Richtung besonders dann, wenn die einseitige Rollenverteilung zwischen westlichen Psychologen und nichtwestlichen Kulturen aufgegeben wird. Dieser Aspekt wird unter dem Begriff »indigenous psychology« (Eingeborenen-Psychologie) diskutiert, womit eine eigenständige konzeptuelle und theoretische Entwicklung psychologischer Konstrukte für nicht-westliche Kulturen gefordert wird.

Krewer (1992) plädiert deshalb für einen offenen Dialog, in dem »das Wechselspiel zwischen Selbst- und Fremdverstehen einen Rahmen (findet), in welchem das Gegenstandsverständnis einer Kulturpsychologie aus einer Verständigung über die Wesensmerkmale des Menschen, wie sie in unterschiedlichen Lebensweisen und Weltsichten verankert sind, in angemessener Form hergeleitet werden könnte, ohne daß der Neigung zur assimilierenden Universalisierung vorschnell nachgegeben würde. Denn wie Geertz (1989, S. 32) es prägnant formuliert: »If we wanted home truths, we should have stayed at home«(S. 263).

Weitere Informationen über Aufgaben und Stellenwert der Kulturpsychologie im Kontext der Psychologie insgesamt finden sich in Straub & Thomas (2003^2), Eckensberger (2003^2) sowie Boesch & Straub (2006).

5. Interkulturelle Psychologie

Die Interkulturelle Psychologie beschäftigt sich mit der Beschreibung und Analyse psychischer Bedingungen, Verlaufsprozesse und Wirkungen menschlichen Erlebens und Verhaltens in Sonder- und Grenzsituationen, die dadurch gekennzeichnet sind, daß Menschen aus verschiedenen Kulturen aufeinander treffen, bedeutsam füreinander werden, miteinander kommunizieren und evtl. über längere Zeit kooperieren. Analysiert und beeinflußt werden sollen dabei die das Verhalten steuernden psychologisch relevanten Prozesse wie beispielsweise Wahrnehmungsvorgänge, Informationsverarbeitungs-, Bewertungs- und Urteilsprozesse, motivationale Befindlichkeiten, Attributionen und Emotionen in ihrem jeweils kulturspezifischen Einfluß auf interpersonale Begegnungen und Erfahrungsbildungen. Wenn hier immer wieder von Kultur und Interkulturalität gesprochen wird, ist es unvermeidbar, auch auf das schwierige Thema einer angemessenen Kulturdefinition einzugehen.

Obwohl es Hunderte von Kulturdefinitionen gibt und immer wieder neue erfunden werden (Kroeber & Kluckhohn, 1952), ist es für die nähere Analyse psychologischer Fragestellungen in interkulturellem Kontext unerläßlich, eine sinnvolle und für die Bearbeitung des Themas brauchbare Definition zu versuchen. Eine relativ einfache und kurze Definition von »Kultur« stammt von dem amerikanischen Psychologen Harry Triandis (1989): »By culture I mean the human made part of the environment« (S. 306). Er faßt Kultur den vom Menschen gemachten Teil der Umwelt auf. Hofstede (1991), ein weiterer bekannter kulturvergleichender Psychologe definiert Kultur als »collective programming of the mind«. Alle sind sich darin einig, daß Kultur einen weiten Bereich umfaßt, der von vom Menschen hergestellten Gegenständen, Werkzeugen etc. über Werte, Ideen, Weltbilder, Sprache und Philosophien bis hin zur Art und Weise des Umgangs mit belebten und unbelebten Dingen, Subjekten wie Objekten reicht. Wenn man die verschiedenen Definitionen von »Kultur« überblickt und speziell unter psychologischen Gesichtspunkten eine Definition bzw. Beschreibung von »Kultur« in dem hier diskutierten Zusammenhang versucht, kann man »Kultur« eventuell so definieren:

»Kultur ist ein universelles Phänomen. Alle Menschen leben in einer spezifischen Kultur und entwickeln sie weiter. Kultur strukturiert ein für die Bevölkerung spezifisches Handlungsfeld, das von geschaffenen und genutzten Objekten bis hin zu Institutionen, Ideen und Werten reicht.

Kultur manifestiert sich immer in einem für eine Nation, Gesellschaft, Organisation oder Gruppe typischen Orientierungssystem.

Dieses Orientierungssystem wird aus spezifischen Symbolen (z.B. Sprache) gebildet und in der jeweiligen Gesellschaft, Gruppe usw. tradiert. Das Orientierungssystem definiert für alle Mitglieder ihre Zugehörigkeit zur Gesellschaft bzw. Gruppe und ermöglicht ihnen ihre ganz eigene Umweltbewältigung. Es beeinflußt das Wahrnehmen, Denken, Werten und Handeln aller Mitglieder der jeweiligen Gesellschaft. Das kulturspezifische Orientierungssystem schafft einerseits Handlungsmöglichkeiten und Handlungsanreize und legt andererseits aber auch Handlungsbedingungen und setzt Handlungsgrenzen fest« (Thomas, 2003b).

Wir wissen, kein Mensch ist mit einem anderen Menschen völlig identisch. Selbst eineiige Zwillinge, die über eine identische genetische Ausstattung verfügen und die unter genau denselben Bedingungen aufwachsen, sind nicht völlig identisch in ihrem Wahrnehmen, Denken, Fühlen und Handeln. Wohl aber besitzen sie sehr viel mehr Gemeinsamkeiten und sind einander sehr viel ähnlicher als zweieiige Zwillinge, als Geschwister oder als nicht blutsverwandte Personen. Wir wissen auch und erfahren es täglich, daß wir bei aller Unterschiedlichkeit durchaus in der Lage sind, uns mit anderen Menschen zu unterhalten, unsere Gesprächspartner zu verstehen, uns in sie einzufühlen und mit ihnen zusammenzuarbeiten, was ein hohes Maß an gegenseitiger Abstimmung verlangt. Offensichtlich verfügen Menschen bei aller individuellen Einmaligkeit über ein Repertoire an Gemeinsamkeiten, das diese sozialen Leistungen ermöglicht.

Das zentrale Werkzeug, das Menschen, wohl aber auch Tiere entwickelt haben, um sich untereinander zu verständigen, ist die Sprache, das gesprochene und geschriebene Wort ebenso wie das nichtsprachliche Zeichen- und Symbolsystem, z.B. in Form von Mimik und Gestik. Hinzu kommt das über den langen Prozeß des Zusammenlebens sozialer Gemeinschaften und den individuellen Prozeß des Hineinwachsens in eine solche Gemeinschaft (Sozialisation) durch den Verlauf des sozialen, kollektiven und individuellen Lernens geschaffene und internalisierte gemeinsam geteilte Hintergrundwissen. Auf dieses Hintergrundwissen kann zu jeder Zeit zurückgegriffen werden, es stellt die erforderliche Gemeinsamkeit her.

Wenn man davon spricht, daß Menschen Kultur entwickelt haben und ihre Kultur weiterentwickeln, dann ist damit gemeint, daß sie ein gemeinsames, für alle verbindliches System von bedeutungshaltigen Zeichen entwickeln, das es ihnen erlaubt, die Welt und sich selbst in einer bestimmten Art und Weise wahrzunehmen, zu interpretieren und zu behandeln, und zwar in der Art, wie es die eigene soziale Gemeinschaft akzeptiert und versteht. Sozialisation und Enkulturation als ein lebenslanger Prozeß beinhalten das Bemühen, die sozial (kulturell) relevanten Normen, Werte,

Einstellungen und Verhaltensweisen zu erlernen, die ein Leben in der je spezifischen Gemeinschaft ermöglichen, in die man hineingeboren worden ist. Wer hierin hohe Fähigkeiten erworben, also ein hohes Maß an sozialer Kompetenz entwickelt hat, kann auch relativ konfliktfrei in dieser eigenen Gemeinschaft leben und produktiv mit ihr umgehen.

Er beherrscht das Zeichen- und Symbolsystem zur interpersonalen Verständigung so gut, daß er sich anderen mitteilen kann, seine Gedanken und Gefühle anderen Menschen verständlich machen kann, auf sie überzeugend und zielorientiert einwirken kann und zur konfliktfreien, unmißverständlichen Kommunikation in der Lage ist. Dazu gehört auch, daß er aus dem Gesamtkontext heraus die Wünsche, Ziele, Hoffungen und Intentionen sowie die emotionale Befindlichkeitslage seiner Kommunikationspartner erahnt, erfühlt, erkennt und sich in ihre Lage so einfühlen kann (Empathie), daß er ihren Wünschen und Erwartungen entsprechend zu reagieren in der Lage ist.

Probleme entstehen für den Handelnden erst dann, wenn er auf Personen trifft, die über ein verbindliches Symbol- und Zeichensystem verfügen, das von dem seinen so bedeutsam abweicht, daß es gehäuft zu erwartungswidrigen Reaktionen seiner Partner kommt oder daß er häufiger das Gefühl hat, von seinen Partnern nicht verstanden oder mißverstanden worden zu sein. In manchen, nicht in allen Fällen, lassen sich solche Problemsituationen durch eine Metadiskussion lösen, indem der eine oder andere Partner explizit auf die Problemlage aufmerksam macht und dann im gemeinsamen Diskurs eine Annäherung oder eine Bereinigung der Missverständnisse und eine konfliktfreie Weiterführung des Dialogs versucht wird.

Schon alleine wegen der unterschiedlichen lebensgeschichtlichen Erfahrungen und den – ontologisch betrachtet – immer einmaligen individuellen Entwicklungsverläufen kann es auch innerhalb einer Kultur oder – abstrakter ausgedrückt – innerhalb einer Kommunikationsgemeinschaft nie eine hundertprozentige Übereinstimmung der von beiden Kommunikationspartnern eingebrachten Bedeutungssysteme geben. Selbst wenn beide Kommunikationspartner perfekt die deutsche Sprache beherrschen, eine hohe Kommunikationskompetenz besitzen und über ein weitgehend einheitliches Deutungssystem ihrer im Kommunikationsvorgang eingesetzten Mimik und Gestik verfügen und dies anzuwenden verstehen, wird doch der mit Worten und Gesten verbundene Bedeutungsgehalt und werden die konnotativen Verknüpfungen individuell unterschiedlich sein. Innerhalb einer Kommunikationsgemeinschaft ist allerdings für die Alltagskommunikation eine explizite Klärung dieser konnotativen Bedeutung nicht notwendig, da sich die Alltagskommunikation in relativ weiten Interpretationsspielräumen bewegt. Die wissenschaftliche Kommunikation hingegen erfordert im Unterschied dazu oft eine Präzisierung des Verstehens- und Bedeutungsgehalts der verwandten Worte und sprachlichen oder symbolischen Ausdrucksformen.

Fazit: Auch in einer monokulturell bestimmten Kommunikationsgemeinschaft gibt es keine hundertprozentige Übereinstimmung in der Bedeutungshaltigkeit und Verwendung verbaler und nonverbaler Kommunikationssignale, deren Interpretation und konnotativen Bedeutung. Im Prozeß des Kodierens und Dekodierens gesandter und empfangener kommunikativer Signale gehen immer Informationen verloren, werden umgedeutet, unvollständig empfangen und so auch weitergegeben usw. Unter Umständen kommt es auch dort zu Mißverständnissen und erwartungswidrigen Reaktionen, die dann aber mit Hilfe metakommunikativer Akte relativ schnell bereinigt werden können oder für die sich am

Gesamtkontext eine einigermaßen passende Deutung ableiten läßt.

Viel schwieriger ist die Situation für den Handelnden, wenn er in eine fremde soziale Gemeinschaft, Nation, Kultur, aber auch Organisation und Gruppe, gerät, die völlig andere, ihm nicht vertraute Symbole zur gegenseitigen Verständigung nutzt oder in der die ihm bereits vertrauten Symbole anders bewertet werden, in der ihnen andere Bedeutungen zugewiesen oder in unvertrauten Kontexten anwendet werden. In diesen Fällen kommt es gehäuft und auch zwangsläufig zu Fehlwahrnehmungen, Fehlinterpretationen, Mißverständnissen und Konflikten bei der Beobachtung, Interpretation und Attribution des Partnerverhaltens sowie in der Kommunikation und Kooperation mit neuen Partnern.

Menschliche Gemeinschaften haben je eine »spezifische Kultur« entwickelt mit dem Ziel, intern ein einheitliches und verbindliches Verständnis für die Dinge, Personen, Ereignisfolgen und umfassende Prozeßabläufe zu ermöglichen, indem sie ihnen eine bestimmte Bedeutung und Sinn verleihen.

Diese Bedeutungs- und Sinnzuschreibung soll dabei eben nicht nur für einzelne Personen verständlich und nachvollziehbar sein, sondern für alle. Sie soll dem Fundus sozial geteilter Bedeutungs- und Sinnzuweisungen entstammen und im Hintergrundwissen verankert sein.

Diese Wahrnehmungs- und Informationsverarbeitungsprozesse werden in der frühen Kindheit eingeübt, dann weiter ausdifferenziert und perfektioniert und im Laufe der Zeit gleichsam automatisch ausgeführt, ohne daß dabei ein besonderer psychischer Aufwand erforderlich wäre. Die sich vollziehende Sinnstiftung ist zwar ein individueller Akt und eine für jede Person einmalige individuelle Leistung. Sie ist aber zugleich über Vermittlung durch Kultur für alle nachvollziehbar und verständlich, da sie die kollektiven, sozial verbindlichen Werte, Normen und Regeln mit enthält.

In dem Augenblick, in dem Menschen mit Personen zusammenkommen, die eine völlig andere und von der ihren deutlich unterschiedene Sozialisation durchlaufen haben, versagen diese Orientierungsregeln, da die jeweiligen Partner andere sozial relevante Einstellungen, Werte, Normen und Verhaltensweisen kennen und andere Werkzeuge zur Anpassung und Innovation einsetzen, da sie zur Orientierung und Sinnstiftung einem anderen kulturellen Orientierungssystem folgen.

Dies provoziert für sich genommen noch keine problematische Begegnungssituation, vielmehr wird das erwartungswidrige Verhalten zunächst als Besonderheit und Andersartigkeit toleriert oder sogar als Exotik genossen. Im Bewußtsein grundsätzlicher Schwierigkeiten im Prozeß interkultureller Begegnung und gegenseitigen interkulturellen Verstehens wird die Andersartigkeit womöglich auch ertragen, ignoriert oder bagatellisiert. Grundsätzlich kann dieser Prozeß auch in der eigenen Binnenkultur stattfinden, besonders dann, wenn die Partner in binnenkulturell unterschiedlichen Lebensräumen sozialisiert wurden. Die Wahrscheinlichkeit und Intensität, mit der dieser Prozeß auftritt, ist aber unter interkulturellen Handlungsbedingungen weitaus höher.

Sowohl ethnozentrische wie auch naiv universalistische Grundüberzeugungen können dazu führen, daß erwartungswidriges fremdkulturelles Partnerverhalten so verzerrt wahrgenommen und interpretiert wird, daß es von der handelnden Person schließlich als erwartungskonform angesehen wird und dann Reaktionen hervorruft, die einen Kreisprozeß von sich gegenseitig aufschaukelnden Mißverständnissen zur Folge hat. Das Problematische, um nicht zu sagen Tragische, an diesem Kreisprozeß sich gegenseitig verstärkender Mißverständnisse besteht darin, daß den handelnden Personen dies in der Regel nicht bewußt wird. Beide handeln ja gemäß ihrem kulturspezifischen Orientierungssystem aus der festen Überzeugung heraus, das Richtige zu denken, richtig zu urteilen und richtig zu handeln. Ihnen selbst kann dieser, weitere Mißverständnisse provozierende, Vorgang deshalb nicht bewußt werden, weil er sich gleichsam von selbst, wie selbstverständlich im Kontext alltäglicher Handlungsroutine vollzieht, die nicht mehr bewußtseinspflichtig ist.

Nun muß man bei der Analyse dieser Prozesse keineswegs nur von einem individuellen Standpunkt ausgehen, für den Prozesse der individuellen Sozialisation und Enkulturation sowie das individuelle Bedürfnis nach Orientierung, Klarheit und Sinnverständnis von zentraler Bedeutung sind. Man kann auch von einer mehr makroanalytischen, sozialgesellschaftlichen Ebene aus argumentieren und zu ähnlichen Schlußfolgerungen kommen. Um in der Welt der Vielheit, Vielschichtigkeit und Unterschiedlichkeit bestehen zu können, sowohl individuell als auch gesellschaftlich, bedarf es der Vereinheitlichung, der Konvergenz, der Übereinstimmung, des Eindeutigen. Zur Herstellung dieser Eindeutigkeit, bei aller prinzipiellen Vieldeutigkeit (jeder entwickelt sein eigenes einmaliges Deutungssystem) haben alle Menschen auf der Welt Konzepte, Systeme, Mittel usw. geschaffen. Ein überall wirksamer Versuch, bei aller individuellen Verschiedenartigkeit verbindliche Eindeutigkeit herzustellen, besteht in der Entwicklung von vier zentralen Regulationssystemen menschlichen Zusammenlebens: **Sitte**, **Gesetz**, **Brauchtum** und **Religion**. Es gibt nach den bisher vorliegenden Kenntnissen keine Kultur, die nicht verbindliche Normen in diesen vier Bereichen entwickelt hat. Jede Kultur hat für sich genommen zwar jeweils für sie passende Ausdrucksformen erfunden, übernommen, ausgewählt und verfestigt, sie hat auch Instanzen zur Überwachung der

Wirksamkeit dieser Regulatoren entwickelt, aber in allen Kulturen sind sie nachweisbar.

Beispiel 1 (Sitte):

In Deutschland ist es Sitte, daß man nicht einfach ungefragt ohne Aufforderung und Ansprache fremde Leute, die man vorher noch nie gesehen hat und mit denen man auch in keinem irgendwie gearteten Sachzusammenhang verbunden ist, einfach ohne triftigen Grund anspricht. Das wirkt in Deutschland und auf Deutsche aufdringlich, distanzlos, peinlich und abnormal. Ein in seinem Sozialverhalten eher gehemmter Mensch, der sich schwer tut, mit anderen Leuten zu kommunizieren und Kontakt aufzunehmen, wird in Deutschland eher geduldet als jemand, der jeden ungefragt anspricht (»anquatscht«). Für US-Amerikaner ist es üblich und entspricht der bei ihnen vorherrschenden Sitte, jeden Menschen, der ins Blickfeld tritt, zu grüßen und mit ihm ein lockeres, freundschaftliches und positives Gespräch, etwas »Smalltalk«, zu beginnen. Wer das nicht tut und erst auf eine Aufforderung oder eine Kommunikationseröffnung wartet, verstößt gegen die guten Sitten und fühlt sich selbst schuldig, etwas falsch gemacht zu haben. Ein hemmungsloser Vielredner wird in dieser Kultur eher ertragen als ein Mensch, der zwar da ist, aber nichts sagt und nicht einmal zu einem kurzen Gruß bereit ist. Die in Deutschland so negativ bewertete Distanzlosigkeit wird für den US-Amerikaner erst dann relevant, wenn jemand »Smalltalk« als intime Freundschaftsbekundung auffasst und entsprechende Konsequenzen daraus ableitet, wie Inanspruchnahme des Partners, Verbindlichkeiten und dauerhafte soziale Zuwendungsverpflichtungen.

Beispiel 2 (Gesetz):

In Deutschland sind Gesetze dazu da, daß sie befolgt werden. Gesetzliche Regeln des Zusammenlebens legen Maßstäbe und Grenzen fest, beinhalten strikt einzuhaltende Vorschriften. Es heißt: »Ordnung resp. Gesetze sind das halbe Leben!« Jeder bemüht sich auch, gesetzestreu zu leben und nicht gegen die Gesetze zu verstoßen oder mit ihnen in Konflikt zu geraten. Regel-, Ordnungs-, Gesetzesorientierung ist in Deutschland ein durchaus verhaltenswirksamer zentraler Kulturstandard.

Auch in China gibt es Gesetze, die für alle Chinesen und in China lebende Ausländer verbindlich sind. Aber deutsche Kaufleute beklagen, daß es im chinesischen Geschäftsleben oft keine Rechtssicherheit gibt. Für Chinesen sind Gesetze nämlich keine Verhaltensvorschriften, sondern eher allgemeine Leitlinien. Rechtsverbindliche Abmachungen (z.B. Kauf-, Liefer- und Geschäftsvereinbarungen) sind nicht die Grundlage wirtschaftlicher Zusammenarbeit, sondern eine interpretierbare und immer wieder auch neu verhandelbare Richtschnur für die Kooperation. Alles ist immer im Fluß. »Niemand steigt zweimal in denselben Fluß.« Menschen und der Fluß sind schon Sekunden nach der ersten Begegnung bzw. dem Einstieg nicht mehr das, was sie vorher waren, lehrte Laotse, der Begründer des Taoismus, bereits vor gut zweieinhalbtausend Jahren. Wenn alles Natürliche ständig im Fluß und in Bewegung ist, dann kann auch das vom Menschen Geschaffene keineswegs beanspruchen, für die Ewigkeit oder für einen längeren Zeitraum unumstößlich gültig zu sein. Das gilt auch für Gesetze. In China richtet sich die Gesetzgebung danach, was z.B. im Geschäftsleben entwickelt und als Regelwerk akzeptiert und gelebt wird. In Deutschland gibt es erst Gesetze, und nach ihnen richtet sich die Alltagspraxis aus.

Beispiel 3 (Brauchtum):

Es gehört in Deutschland zum guten Brauch, daß man als Gast dem Gastgeber ein Geschenk mitbringt. Es soll den Interessen und Vorlieben des Gastgebers entsprechen, nicht zu üppig, aber auch nicht zu billig ausfallen, und es wird schön verpackt bei der persönlichen Begrüßung zu Beginn der Einladung überreicht. Als Beweis besonderer Freundschaft und Verbundenheit kann auch etwas selbst Hergestelltes als Geschenk überreicht werden. Das Geschenk wird entweder sofort geöffnet, bestaunt und mit vielen, aber durchaus recht standardisierten Sätzen gelobt oder erst nachdem alle Gäste eingetroffen sind. Eventuell erklärt der Gast dem Gastgeber noch, warum er dieses und kein anderes Geschenk gerade für ihn persönlich ausgesucht hat. Das alles geschieht oft vor den anderen Gästen. Der Gastgeber hat dabei selbstverständlich immer wieder zu betonen, wie sehr er das überreichte Geschenk schätzt und welche Ehre ihm damit erwiesen wurde, selbst dann, wenn es ihm überhaupt nicht gefällt. Aus Höflichkeit und weil es so Brauch ist, wird dabei durchaus viel geheuchelt und gelogen.

In Ostasien ist es demgegenüber Brauch, unter ritualisierten Dankesbekundungen das Geschenk entgegenzunehmen und ungeöffnet wegzulegen. Entscheidend für das Beziehungsverhältnis ist der Wert (Geldwert) des Geschenks. Im Wert drückt sich die erwiesene Wertschätzung, die Bestätigung der Qualität der Beziehung oder die Investition in eine Intensivierung der Beziehung aus. Über Geschenke werden wichtige Informationen auf nicht-sprachlichem Wege transportiert. Es werden Gedanken, Gefühle, Einstellungen und Einschätzungen gegenüber einer Person zum Ausdruck gebracht, die sprachlich nur schwer oder überhaupt nicht ohne Peinlichkeit zu vermitteln sind, und dann bedarf es nicht des gesprochenen Wortes. Die Tatsache, daß der Chinese ein ihm von einem Deutschen überreichtes Geschenk nicht auspackt, einfach weglegt und mit keinem Wort erwähnt, wird von Deutschen als beleidigend und als Mißachtung seiner Bemühungen um Zuneigung interpretiert. Das vielleicht viel »wertvollere« Gegengeschenk seitens des chinesischen Partners, beim Abschied überreicht, kann nach diesen Erfahrungen von Deutschen keine Wertschätzung mehr erfahren, geschweige denn als nicht-sprachliches Zeichen hoher Wertschätzung und Zuneigung verstanden werden. Die Bereitschaft und Sensibilität für derartige Empfindungen und Beurteilungen ist längst geschwunden.

Beispiel 4 (Religion):

Für Deutsche gilt Eigenverantwortlichkeit als ein hohes Gut. Die Bereitschaft und Fähigkeit, übernommene Verpflichtungen, insbesondere für die eigene Lebensgestaltung, verantwortlich und gewissenhaft zu erfüllen, ist eine allgemein gültige, sittlich moralische Anforderung. Sich selbst, seinem Gewissen gegenüber und seinen Mitmenschen, d.h. allen Menschen, gegenüber zum moralischen Handeln verpflichtet zu sein, ist eine von der überwiegenden Mehrzahl der Menschen in Deutschland geteilte Grundauffassung. Für Menschen des abendländischen Kulturraums leitet sich diese Verpflichtung aus der christlichen Religion ab. Für alle Menschen, so die religiöse Überzeugung, besteht eine unumstößliche Verpflichtung gegenüber einem persönlichen Schöpfergott, für sein Handeln Rechenschaft abzulegen. Die sittlich einwandfreien sowie die abzulehnenden Taten werden individuell gegeneinander aufgewogen, und es werden daraus Konsequenzen gezogen.

Für einen Chinesen ist ein solches religiöses Verpflichtungskonzept völlig unverständlich. Für ihn gilt eine absolute Verpflichtung nur gegenüber der eigenen Familie als Primärgruppe und einigen bedeutsamen Sekundärgruppen, wie direkte Arbeitseinheiten (danwei), Studiengruppen, Ausbildungsgruppen, Wohngemeinschaften etc. Für alle Menschen außerhalb dieser Gemeinschaften gelten andere und weniger strenge Maßstäbe. »Liebe deinen Nächsten wie dich selbst«, »Handle entsprechend« hat für einen Chinesen in dieser Allgemeinheit somit keine Gültigkeit. Was vielen Deutsche im Verhalten ihrer chinesischen Partner chaotisch, amoralisch, sittlich verwerflich etc. erscheint (z.B. Nepotismus und Formen von »Korruption«), ist in Wirklichkeit durchaus geordnet, moralisch gerechtfertigt und sittlich vertretbar, dies aber auf der Basis eines anderen religiösen Bezugssystems bzw. anderer kulturell bedingter Regeln menschlichen Zusammenlebens.

Für die Entwicklung einer produktiven internationalen Zusammenarbeit und einer bereichernden interkulturellen Begegnung ist es nicht notwendig und oft nicht einmal förderlich, alle diese Unterschiede im Bereich von Sitte, Gesetz, Brauchtum oder Religion blindlings zu akzeptieren, sich ihnen anzupassen und sie zu tolerieren, nach dem Motto: »Jeder Mensch ist anders, das ist nun mal so, laß ihn doch.« Viel wichtiger ist, die Grundlagen der Vielfalt im Denken und Verhalten zu verstehen, anzuerkennen, ihnen mit einer Grundhaltung des Respekts und der Wertschätzung zu begegnen und sich mit ihnen aktiv und zukunftsorientiert auseinanderzusetzen.

5. 1. Das Eigenkulturelle, das Fremdkulturelle und das Interkulturelle

Eine Grundvoraussetzung zur Entwicklung von Kompetenzen zur interkulturellen Zusammenarbeit ist ein vertieftes und reflektiertes Verständnis für die Dynamiken im Kräftefeld interkultureller Überschneidungssituationen mit ihren Determinanten, das Eigene, das Fremde und das Interkulturelle, sowie der Fähigkeit, mit den sich daraus ergebenden

Problemen und Entwicklungschancen produktiv umzugehen (s. Abb. 1).

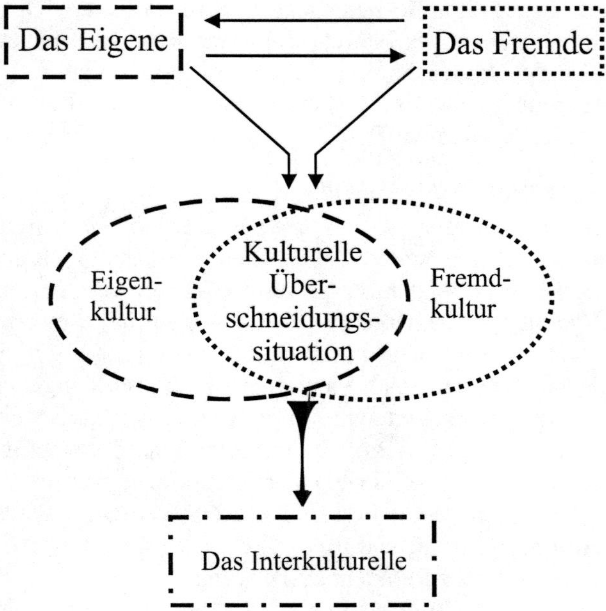

Abb. 1: Kräftefeld interkultureller Überschneidungssituationen

Wenn Menschen im eigenen Land mit Menschen aus einem anderen Land, die eine andere kulturspezifische Sozialisation durchlaufen haben und andere sozial relevante Formen des Denkens, Empfindens und Handelns entwickelt haben und die ein anderes kulturelles Orientierungssystem für sich und ihre Mitmenschen als verbindlich ansehen, bzw. wenn Menschen in einem fremden Land mit den dort lebenden Einheimischen zusammenkommen, dann entstehen sog. »kulturelle Überschneidungssituationen«, in denen das

Handeln aller Beteiligten durch das gewohnte, vertraute, selbst erfahrene jeweils Eigene, das noch unvertraute, unbekannte Fremde und das sich aus dieser Begegnung entwickelnde Interkulturelle determiniert wird. Alle drei Determinanten zeichnen sich durch bestimmte Eigenschaften aus, die für die Wahrnehmung, die kognitiven Prozesse, die Empfindungen und das Handeln der beteiligten Personen von ausschlaggebender Bedeutung sind.

a) Die eigenkulturelle Thematik

Üblicherweise gehen wir davon aus, daß so wie wir uns verhalten, sich alle anderen Menschen auf dieser Welt auch verhalten. Diese Annahme ist vernünftig und richtig, denn meist geraten wir mit unseren Mitmenschen nicht in ernsthafte Konflikte, sondern kommen mit ihnen relativ gut aus. Wenn wir erfahren, daß Menschen in unserer Umgebung sich nicht so verhalten wie wir bzw. wie wir es gewohnt sind, dann führt dies zur Beunruhigung und macht uns nachdenklich. Wir versuchen herauszufinden, warum sich diese Person oder diese Personen nicht so verhalten wie wir es gewohnt sind und erwarten, und meist finden wir eine passende und uns beruhigende Erklärung.

So, wie wir die Welt wahrnehmen, wie wir sie beurteilen, so, wie wir die Welt und die Menschen, mit denen wir es zu tun haben, zu beeinflussen versuchen, so meinen wir, ist es richtig und angemessen. Es kommt zu einer Generalisierung der eigenen Überzeugungen auf alle anderen Menschen, denen man begegnet. Andere Formen der Wahrnehmung, Beurteilung und Beeinflussung erscheinen deshalb als falsch, nicht ganz richtig, lückenhaft bzw. primitiv.

Die eigenen in unserer Kultur allgemein üblichen Verhaltensweisen sind uns im Laufe unserer Entwicklung deshalb so selbstverständlich geworden, weil wir so erzogen wurden, sie bei anderen auch immer beobachteten, selbst für ihre Ausführung positiv verstärkt wurden und weil sie sinnvoll waren, wir kamen relativ gut mit ihnen zurecht. Sie sind inzwischen Routine und werden nicht mehr als etwas Besonderes bemerkt. Nur dann, wenn etwas schief geht, wenn etwas nicht so läuft wie wir es erwarten und gewohnt sind, dann kommt es unter günstigen Umständen dazu, daß wir diese Abweichungen thematisieren, darüber nachdenken und eventuell zum Thema einer Diskussion mit uns vertrauten Personen machen.

In unserem alltäglichen Verhalten sind uns alle diese Gewohnheiten nicht mehr bewußt, sie sind nicht mehr bewußtseinspflichtig, obwohl sie grundsätzlich bewußtseinsfähig sind. So zeigt uns gerade das Bewußtwerden eigener Wahrnehmungs-, Urteils- und Verhaltensweisen in konflikthaften Situationen, daß diese Gewohnheiten und Selbstverständlichkeiten durchaus bewußt gemacht werden können.

Wann aber wird nun das »Eigene«, das »Gewohnte«, das »Selbstverständliche« zum Thema? Häufig nur dann, wenn wir Kinder, alte Menschen, Behinderte oder Fremde beobachten, die mit Gegenständen und Personen anders umgehen oder sich in Situationen anders verhalten als wir es gewohnt sind. Bei Kindern, alten Menschen, Behinderten und Fremden fallen uns dazu auch sofort die entsprechenden Erklärungen ein: Kinder können es noch nicht, alte Menschen können es nicht mehr, Behinderte können es aufgrund ihrer spezifischen Behinderung nicht und Fremde können es nicht, weil sie nicht zu uns gehören und nicht gelernt haben, wie man sich »richtig« zu verhalten hat.

Daraus ergibt sich die Konsequenz, daß wenn Handeln in kulturellen Überschneidungssituationen nicht zu Fehlhandlungen bzw. zum konflikthaften Abbruch der Beziehungen führen soll, dann ist dies nur möglich, wenn es gelingt, die eigenkulturellen Orientierungen des Wahrnehmens, Denkens und Verhaltens zu reflektieren, sie als etwas Eigenständiges und Besonderes zu erkennen und anzuerkennen und mit Blick auf das Verhalten des fremdkulturellen Partners und der Besonderheit der kulturellen Überschneidungssituation verstehen zu lernen.

b) Die fremdkulturelle Thematik

Menschen aus anderen Kulturen, aus anderen kulturellen, religiösen und sozialen Traditionen, in denen sich an Sitte, Gesetz, Brauchtum und Religion andere Regeln, Werte und Normen entwickelten und verbindlich wurden, haben andere Formen des Wahrnehmens, Urteilens, Empfindens und Handelns entwickelt. Diese Menschen sind über viele Generationen hinweg unter anderen geographischen, klimatischen, wirtschaftlichen, politischen, sozialen und geistig-kulturellen Umweltbedingungen aufgewachsen. Sie haben andere Überlebensstrategien und Formen der Problembewältigung entwickelt.

Vielleicht ist in anderen Kulturen manches so entwickelt worden wie in der eigenen, das gilt es zu entdecken und zu verstehen, aber sicherlich ist vieles auch sehr anders (Universalismus vs. Kulturrelativismus). Auch diese, in anderen Kulturen sozialisierten Menschen gehen davon aus, daß so, wie sie sich verhalten, es alle anderen Menschen auf dieser Welt auch tun, daß ihr Verhalten richtig und erfolgversprechend ist.

Die sich daraus ergebende spezifische Anforderung lautet: Erkennen der fremdkulturellen Bedingungen und Besonderheiten des Wahrnehmens, Denkens, Urteilens, Empfindens und Handelns. Verstehen dieser fremdkulturellen Formen der Lebens- und Problembewältigung. Anerkennen, daß diese Formen durchaus ebenso vernünftig und sinnvoll sein können wie die eigenen Formen der Lebensbewältigung. Daraus läßt sich folgende Abfolge zu entwickelnder Einstellungen und Fertigkeiten ableiten:

(1) Differenzieren zwischen Eigenem und Fremdem als etwas Eigenständigem
(2) Verstehen des Eigenen und des Fremden
(3) Tolerieren des Fremden als etwas Eigenständigem
(4) Wertschätzen des Fremdkulturellen als eine kulturspezifische Leistung, die für den Partner in seinem Lebenskontext sinnvoll und angemessen ist und von der sich möglicherweise etwas zur eigenen Lebensbereicherung und Entwicklung übernehmen läßt.

c) Die interkulturelle Thematik

Man kann sich mit den eigenen Denk- und Verhaltensgewohnheiten befassen und mit den an Menschen aus fremden Kulturen zu beobachtenden Denk- und Verhaltensweisen beschäftigen. Man kann beides zur Kenntnis nehmen, beides mit Interesse vergleichen, ohne davon in seinem eigenen Denken und Verhalten berührt zu werden. Die eigene Betroffenheit setzt aber spätestens dann ein, wenn es darum geht, mit Menschen aus anderen Kulturen zusammenzuarbeiten. In diesem Falle reicht es nicht mehr aus, das Eigene zu reflektieren und das Fremde zur Kenntnis zu nehmen. Der Zwang bzw. die Absicht zur Zusammenarbeit provoziert und erzwingt die Bewältigung einer neuen Anforderung. Eigenes und Fremdes muß unter den Bedingungen interkultureller Zusammenarbeit aufeinander abgestimmt werden. Wenig kulturelles Verständnis und Abstimmungsleistung hat sicher der Tourist im Rahmen einer pauschal gebuchten Fernreise aufzubringen. Demgegenüber ist die zum Erfolg verpflichtete Fach- und Führungskraft in einem internationalen Auslandseinsatz zur Entwicklung interkulturellen Verständnisses und zur Abstimmung von Eigenem und Fremdem gezwungen, weil sonst keine erfolgreiche Kooperation gelingen kann.

In der interkulturellen Überschneidungssituation hat Eigenes und Fremdes je seinen spezifischen Stellenwert und kann so in unterschiedlicher Weise aufeinander wirken:

(1) Es kann geprüft werden, inwieweit das Eigene und das Fremde miteinander übereinstimmen oder einander ähnlich sind und so die Möglichkeit zur Konvergenz besteht. Es kann weiterhin geprüft werden, in welchem Maße Eigenes und Fremdes voneinander abweicht (kulturelle Differenz) und inwieweit Elemente des Eigenen und des Fremden nebeneinander bestehen können (kulturelle Kompatibilität). Daneben muß geprüft werden, inwieweit Eigenes und Fremdes so unterschiedlich und unvereinbar sind (kulturelle Inkompatibilität), daß es spezifischer Anstrengungen bedarf, um eine Zusammenarbeit trotz dieser Inkompatibilität zu ermöglichen.
Da Eigenes und Fremdes nicht starr sind, sondern selbständigen Veränderungen unterliegen, muß geprüft werden, was vom Eigenen in Richtung auf das Fremde geändert werden kann. Wieweit kann und sollte man sich dem Fremden anpassen? Keinerlei Anpassung und Anpassungsbereitschaft führt in der Regel zu direkten Konflikten mit dem Fremden. Ein starres Festhalten am eigenkulturellen Orientierungssystem wird vom jeweiligen Partner nicht verstanden, abgelehnt oder im günstigsten Fall widerwillig ertragen. Eine solche einseitige Dominanz erzeugt Ablehnung und provoziert Reaktanz gegen diese nicht akzeptierte Form einseitiger Machtausübung. Völlige Anpassung an das Fremde kann demgegenüber zur Karikatur werden und ins Lächerliche abgleiten.

(2) Es muß geprüft werden, wie das Fremde in Richtung auf das Eigene geändert werden kann, welche Möglichkeiten bestehen, den Fremden auf die eigenen Zie-

le und Verhaltensgewohnheiten so aufmerksam zu machen und hinzuweisen, daß er sie erkennen kann und bereit ist, sie anzuerkennen und sich ihnen evtl. anzunähern. Oft wird zwar der Fremde direkt gezwungen oder die Lebensverhältnisse im Gastland erzwingen indirekt eine Anpassung an die Verhaltensgewohnheiten der Gastlandbewohner, aber neben dieser einseitigen und erzwungenen Anpassung gibt es viele Möglichkeiten der freiwilligen und bereitwilligen Anpassung an das Fremde, wenn vom Partner der Nutzen dieser Anpassungsbemühungen verstanden und akzeptiert werden kann.

(3) Es muß geprüft werden, welche produktiven, aber auch destruktiven Konsequenzen solche Anpassungs- und Änderungsbemühungen in Richtung auf das Fremde und in Richtung auf das Eigene haben können.

(4) Sowohl die Anpassung an das Fremde wie auch das Beibehalten kultureller Eigenständigkeiten können unterschiedlich stark ausgeprägt sein und in verschiedenen Lebens- und Handlungsfeldern (Domänen) nebeneinander existieren. Nie wird sich der Mensch als Ganzes mit seinem gesamten kulturellen Orientierungssystem selbst unter extremen Bedingungen einer fremden Kultur anpassen und anpassen können, und nie wird es einem einzelnen gelingen, einen fremdkulturellen Partner dazu zu bringen, sich vollständig den eigenkulturellen Orientierungen anzupassen, doch wird dies immer in mehr oder weniger ausgedehnten und für wichtig erachteten Teilbereichen des Miteinanderumgehens möglich sein. Daraus lassen sich unter günstigen Umständen synergetische Formen der Zusammenarbeit entwickeln. Der interkulturell bedingte synergetische Effekt besteht oft weniger im Endergeb-

nis (Resultat Synergie), wohl aber in der Art der Zusammenarbeit und Zielerreichung (Prozeßsynergie).

(5) Unter günstigen Umständen kann die wechselseitige Handlungsdynamik in kulturellen Überschneidungen zur Entwicklung, zum Ausprobieren, zur Ausgestaltung und zur Festlegung auf neue, kreative Formen der Lebensgestaltung führen. Wenn die Handlungsanregungen und Handlungsmöglichkeiten, die die eigene Kultur und die fremde Kultur bieten, in ihrer ganzen Breite und Tiefe erkannt werden und im interkulturellen Handeln in kulturellen Überschneidungssituationen eingesetzt werden, besteht die Chance, daß sich Formen der Zusammenarbeit finden lassen, die Elemente aus beiden kulturellen Orientierungssystemen produktiv und kreativ verknüpfen.

Die sich daraus ergebenden Anforderungen bestehen einmal aus dem Erfassen der kompatiblen und inkompatiblen Elemente zwischen dem Eigenen und dem Fremden, wobei die kompatiblen Elemente eher eine gegenseitige Annäherung und konfliktreduzierte Zusammenarbeit erlauben und die tatsächlich inkompatiblen Elemente in der Regel resistent gegenüber Kompromissbemühungen sind. Das Erkennen und Ausloten, wie weit Eigenes und Fremdes in Richtung auf das eigene kulturelle Orientierungssystem verändert werden kann, sowie die Integration einzelner Elemente beider Orientierungssysteme zu neuen Formen interpersonalen Handelns in kulturellen Überschneidungssituationen stellen ein produktives Entwicklungspotenzial dar. Dies zu fördern und in der Schlüsselqualifikation »Interkulturelle Handlungskompetenz« verdichten zu können, ist Ziel interkultureller Trainings und interkultureller Ausbildung.

5. 2. Kultur als Orientierungssystem

Ein zentrales Bedürfnis des Menschen ist es, sich in seiner Welt zurechtzufinden, sich orientieren zu können und die lebenswichtigen Bereiche zu kontrollieren, d.h. zutreffende Vorhersagen machen zu können, Kausalitäten zu erfassen und unerwartete, unangenehme Ereignisse so zu beeinflussen, daß sie gut enden. Das Bedürfnis nach Orientierung ist nur dann zu befriedigen, wenn das Individuum über einen ausreichend großen Bestand an verläßlichem Wissen über seine gegenständliche und soziale Umwelt und über Erfahrungen darüber verfügt, wie mit diesem Wissen sachgerecht und effektiv umzugehen ist, und Fähigkeiten besitzt, gegebene Situationen entsprechend den eigenen Intentionen zu verändern. Bei all dem bietet das, was hier als »Kultur« definiert wird, insofern wertvolle Hilfen, weil über sie Personen, Dinge, aber auch Ereignisfolgen und ganze Prozeßabläufen resp. Handlungssequenzen Bedeutung und Sinn verliehen bekommen. Diese Bedeutungs- und Sinnzuweisung soll dabei eben nicht nur für den einzelnen verständlich und nachvollziehbar sein, sondern dem Fundus sozial geteilter Bedeutungs- und Sinnzuweisungen entstammen. Diese im Prozeß der Wahrnehmung resp. Informationsverarbeitung erfolgende, gleichsam automatisch, also ohne besonderen psychischen Aufwand sich vollziehende Sinnstiftung ist zwar ein individueller Akt und eine für jede Person einmalige individuelle Leistung, die aber zugleich über Vermittlung durch die Kultur die kollektiven, sozial verbindlichen Werte, Normen und Regeln mit enthält.

Unter »normalen« Alltagsbedingungen, bei einem Leben im eigenen Kulturkreis, kann der Mensch sich wie bereits erwähnt mit hoher Wahrscheinlichkeit darauf verlassen, daß seine individuelle Sicht der Welt auch von seinen Mitmenschen verstanden, wenn auch nicht von allen in gleicher Weise akzeptiert und geteilt wird. In Sonderfällen bedarf es näherer Erläuterungen, um ein Verständnis zu erzielen oder um selbst den anderen zu verstehen. Für die normale Alltagskommunikation und -interaktion reicht aber das gemeinsame, kulturspezifische Hintergrundwissen zum gegenseitigen Verständnis aus, ohne daß noch eine zusätzliche Explikation notwendig wäre.

Im Verlauf des individuellen Sozialisationsprozesses, durch den das Individuum »in Auseinandersetzung mit anderen Personen die ihm gemäßen Muster sozial relevanten Verhaltens und sozial relevanter Erfahrungen entwickelt« (Zigler & Child, 1969[2], S. 474), und durch den damit zusammenhängenden Prozeß der Enkulturation wächst der Einzelne in die soziale Gemeinschaft hinein. »Sozialisation findet nicht nur in der Kindheit oder in bestimmten Lebensabschnitten statt, sondern vollzieht sich während der gesamten Lebensspanne eines Menschen. Dabei sind in den einzelnen Entwicklungsphasen jeweils spezifische sozial relevante Verhaltensweisen zu erlernen, damit die in der Auseinandersetzung mit der sozialen Umwelt sich stellenden Aufgaben gelöst werden können« (Thomas, 1991, S. 199).

Wer in seiner Kultur längere Zeit einen solchen Sozialisationsprozeß durchlaufen hat, der kennt sich aus, weiß über das, was er zu tun und zu lassen hat, Bescheid, erfährt ständige Bestätigung aus seiner sozialen Umwelt, wenn er sich den bestehenden Normen und Regeln entsprechend verhält, und erlebt bei Abweichungen direkte oder indirekte Mißbilligung oder muß die Erfolglosigkeit seiner Anstrengungen leidvoll erfahren. Die durch Sozialisation erreichte Enkulturation erfolgt auf dem Wege des sozialen Lernens, des Verstärkungs- und Vorbildlernens.

So betrachtet liefert eine erfolgreiche Sozialisation dem Individuum die Werkzeuge, mit denen es sich in seiner Welt zurechtfinden und orientieren kann. Die Werkzeuge können zur Anpassung an gegebene Verhältnisse der natürlichen und sozialen Umwelt, aber auch zur Veränderung des Bestehenden eingesetzt werden. So wird beides möglich: Adaptation und Innovation.

Alle Menschen, die an einer interpersonalen Kommunikation teilnehmen, haben bis zu diesem Zeitpunkt einen kulturspezifischen Sozialisationsprozeß durchlaufen. Sie kennen sich aus, sie wissen Bescheid, sie können sich gut orientieren und sie wissen, mit den Werkzeugen umzugehen. Sie wissen auch, was man tun darf, tun kann und tun muß, wenn die Reaktionen des Kommunikationspartners unverständlich und erwartungswidrig sind.

Ohne es im Detail erfassen zu können und ohne zu verstehen, was passiert, versagen diese Qualifikationen ihren Dienst in dem Augenblick, in dem man mit Menschen zu tun hat, die eine völlig andere, von der eigenen deutlich unterschiedene Sozialisation durchlaufen haben. Diese haben andere sozial relevante Einstellungen, Werte, Normen und Verhaltensweisen kennen gelernt und andere Werkzeuge zur Anpassung und Innovation in die Hand bekommen, also eine andere Kultur und damit andere Orientierungssysteme entwickelt. In Deutschland ist es erlaubt und angebracht, direkt nachzufragen: »Habe ich Sie verstanden, daß Sie gemeint haben ...?« oder sehr direkt eine Aufforderung zu platzieren wie »Bitte erläutern Sie mir das noch etwas genauer, ich habe nicht so recht verstanden, was Sie sagen wollten!«. In vielen anderen Kulturen stößt ein solches Begehren auf Unverständnis und Ablehnung.

Wenn man Gespräche mit Menschen führt, die über langjährige eigene Erfahrungen in der Kommunikation mit Menschen einer spezifischen Fremdkultur verfügen, und wenn man sie im Rahmen teilstrukturierter Interviews systematisch über ihre Beobachtungen erwartungswidrigen Verhaltens befragt, stellt man fest, daß sie dazu neigen, ihre Beobachtungen auf einem relativ hohen Abstraktionsniveau in

Form typischer und charakteristischer allgemeiner Merkmale und Eigenschaften zu kategorisieren, nationale und gruppenspezifische Stereotype wie »Deutsche sind...«, »Chinesen sind...« oder »Im Vergleich mit Engländern sind Franzosen...« schnell bei der Hand. Es fällt aber offensichtlich schwer, Situationsabläufe und konkret erlebte Interaktionsvorgänge detailliert zu beschreiben, Gefühle, Erwartungen und Überlegungen zu schildern, sich über die Handlungskonsequenzen und die Reaktionen des Partners klar zu werden und die daraus zu ziehenden Konsequenzen darzulegen. Die in der alltäglichen Kommunikation und Interaktion mit spezifischen fremdkulturellen Partnern gesammelten, im Detail immer konkreten Erfahrungen werden offensichtlich als konglomeriertes Erfahrungswissen gespeichert und sind dann auf dem Niveau kulturtypischer Merkmale erinner- und kommunizierbar. Es bedarf einer sorgfältigen Interviewführung, um verhaltensnah interkulturelle Interaktionssituationen geschildert zu bekommen, die für den befragten Beobachter deshalb problematisch verlaufen sind, weil er das Verhalten seines Interaktionspartners nicht erwartet hat, nicht verstanden hat, in der gegebenen Situation verunsichert wurde und Schwierigkeiten hatte, sich in dem Gesamtgefüge von Aktion und Reaktion seinen Gewohnheiten gemäß zu orientieren. Wenn es gelingt, solche selbst erlebten oder in einem Interaktionsprozeß zwischen anderen Personen beobachteten kritischen Interaktionssituationen detailgetreu geschildert zu bekommen, dann lassen sich aus diesem authentischen Erlebnismaterial bedeutsame Erkenntnisse gewinnen, einerseits mit Blick auf die Analyse kulturell bedingter Mißverständnisse und Interaktionsprobleme und andererseits für die Entwicklung von Trainingskonzepten und Trainingsmaterialien zum Aufbau handlungswirksamer interkultureller Lernmöglichkeiten und zur Entwicklung interkultureller Handlungskompetenz. Das zur

Analyse herangezogene Textmaterial sollte so viel Authentizität wie möglich enthalten, gleichzeitig aber in lesbarer und gut nachvollziehbarer Form vorliegen, was bei einer reinen Texttranskription von Interviewmaterialien in der Regel nicht gegeben ist, sondern erst nach einer fachkundigen und transparent gemachten Bearbeitung des Ausgangsmaterials.

Analysiert werden können die aus den Interviews gewonnenen authentischen und konkreten Erlebnisse in kulturellen Überschneidungssituationen mit dem Ziel der Identifizierung von »Kulturstandard«. Kulturstandards lassen sich auf dem Hintergrund der oben gegebenen Definition von Kultur als Orientierungssystem so bestimmen:

Kulturstandards sind Arten des Wahrnehmens, Denkens, Wertens und Handelns, die von der Mehrzahl der Mitglieder einer bestimmten Kultur für sich und andere als normal, typisch und verbindlich angesehen werden. Eigenes und fremdes Verhalten wird aufgrund dieser zentralen Kulturstandards beurteilt und reguliert. Zentrale Kulturstandards regulieren weite Bereiche des Denkens, Wertens und Handelns, wohingegen periphere Kulturstandards nur für bestimmte Situationen bzw. Personengruppen Regelfunktion besitzen. Die individuelle und gruppenspezifische Art und Weise des Umgangs mit zentralen Kulturstandards zur Verhaltensregulation kann innerhalb eines gewissen Toleranzbereichs variieren. Verhaltensweisen, die sich außerhalb der bereichsspezifischen Grenzen bewegen, werden von der sozialen Umwelt abgelehnt und sanktioniert. Zentrale Kulturstandards wandeln sich unter veränderten Lebensbedingungen nur sehr langsam. Periphere Kulturstandards unterliegen einem schnelleren Wandel (s. auch Thomas, 1999, 2003²a).

Ein systematischer Vergleich und eine entsprechende Analyse von vielen Erlebnisschilderungen unterschiedlicher nichtdeutscher (ausländischer) Partner im Umgang mit Deutschen, vorwiegend deutscher Fach- und Führungskräfte, ergab folgende zentrale Kulturstandards, die sich aus ihrer Sicht zunächst einmal als für deutsche Fach- und Führungskräfte handlungswirksam erwiesen (nach Schroll-Machl, 2002), die aber außer im beruflichen Handlungsfeld auch im alltäglichen Interaktionsprozeß zu beobachten sind und damit nicht nur eine bereichsspezifische Wirksamkeit aufweisen:

- Sachorientierung
- Regelorientierung
- Zeitplanung
- Trennung von Persönlichkeits- und Lebensbereichen
- »Schwacher Kontext« als Kommunikationsstil
- Individualismus

Zum Vergleich dazu ließen sich folgende zentrale Kulturstandards für chinesisch Fach- und Führungskräfte und US-amerikanische Studenten aus Sicht ihrer deutschen Partner generieren:

Chinesische Kulturstandards (nach Thomas & Schenk, 2005[2]):

- Danwei-System (Clan- und Cliquenbezug)
- Hierarchieorientierung
- List und Taktik
- Soziale Harmonie
- Guanxi-System (Beziehungsnetzwerke)
- Bürokratie
- Etikette

US-amerikanische Kulturstandards (nach Hufnagel & Thomas, 2006):

- Patriotismus
- Gleichheitsdenken
- Gelassenheit (»easy going«)

- Handlungsorientierung
- Leistungsorientierung
- Individualismus
- Bedürfnis nach sozialer Anerkennung
- Interpersonale Distanzminimierung
- Zwischengeschlechtliche Beziehungsmuster (dating)

Weitere Informationen über Kulturstandards, den Prozeß ihrer Identifikation, ihre Handlungswirksamkeit und ihren Einsatz in Trainings finden sich bei Thomas (2000).

Es ist leicht nachvollziehbar, daß interagierende Personen aus diesen unterschiedlichen Kulturen, deren Wahrnehmen, Denken, Empfinden und Handeln von diesen Kulturstandards geprägt sind, in der Kommunikation und Kooperation gehäuft erwartungswidrige Reaktionen erfahren, die sie nicht verstehen, die sie ablehnen und auf die sie dementsprechend reagieren.

Im folgenden Abschnitt wird ein authentisches Beispiel einer kritisch verlaufenden Interaktionssituation geschildert. Anschließend wird das Ergebnis einer durch bikulturell geschulte Experten vorgenommene Verlaufsanalyse des Interaktionsprozesses präsentiert. In einem weiteren Schritt werden alternative Handlungs- und Reaktionsmöglichkeiten erörtert, die geeignet sind, der Gefahr von kulturell bedingten Mißverständnissen vorzubeugen, bzw. die geeignet sind, kulturadäquate Kommunikations- und Interaktionsformen zu generieren.

5. 3. Interkulturelles Handeln

5. 3. 1. Beispiel 1: »Das deutsch-chinesische Verhandlungsproblem«

1. Die Interaktionssituation

»Der Manager eines deutschen Unternehmens ist innerhalb kurzer Zeit zum vierten Mal zu Joint-Venture-Vertragsverhandlungen nach China gereist. Die bisherigen Gespräche fanden in einer außerordentlich angenehmen Atmosphäre statt. Die Chinesen waren sehr interessiert an dem, was der deutsche Manager vorschlug.

Doch richtig vorwärts ging bei diesen Verhandlungen nichts. Inzwischen bekam der deutsche Firmenrepräsentant erhebliche Schwierigkeiten im eigenen Stammhaus. Die Zeit drängte, der Geschäftsführung des Unternehmens schienen die Verhandlungen nicht effektiv genug zu laufen, und man äußerte Mißfallen über die »wenig glückliche« Verhandlungsführung des Beauftragten. Bei ihm stauten sich Frust und Verärgerung auf. Als auch in einer weiteren Verhandlungsrunde keine Einigung zustande zu kommen schien, glaubte der Manager, die Taktik seiner chinesischen Verhandlungspartner endlich durchschaut zu haben. Die wollten ihn doch nur hinhalten, um möglichst viele Informationen aus ihm herauszupressen, mit denen sie dann sein Unternehmen gegen die Konkurrenz ausspielen könnten.

Er war wütend und verärgert über seine Verhandlungspartner, hinzu kamen die Belastungen der zermürbenden Verhandlungswoche.

Zu guter Letzt zeigte er eine Reaktion, die man hierzulande mit dem Ausdruck »denen mal ordentlich Bescheid sagen« und »kräftig auf den Tisch hauen« umschreiben würde. Völlig unvermittelt schrie der Manager seine chinesischen Verhandlungspartner an, er sei nicht mehr bereit, sich weiter hinhalten zu lassen, das »Um-den-heißen-Brei-Herumreden« müsse endlich aufhören, er wolle Klarheit und Verbindlichkeit, und überhaupt, seine Geduld sei nun am Ende.

Für chinesische Verhältnisse wurden diese Beschwerden in einer schockierenden Direktheit und Lautstärke vorgetragen. Die chinesischen Verhandlungspartner wurden blaß und schwiegen. Die Verhandlungen kamen nicht zum Abschluß.

Nach seiner Rückkehr in die Heimat erfuhr der Manager von seinem Vorgesetzten, daß dies seine letzte Chinareise gewesen sei. Die Chinesen hätten zwar brieflich weiterhin Interesse an dem geplanten Joint-Venture geäußert, ohne aber auf die von ihm geführten Verhandlungen auch nur mit einem Wort einzugehen. Man müsse wohl mehr oder weniger wieder von vorne anfangen und dies mit einem anderen Firmenvertreter.

Dieses Beispiel zeigt eine Reihe sehr typischer Schwierigkeiten deutsch-chinesischer Verhandlungen, deren Ursachen eindeutig in den unterschiedlichen kulturell geprägten Wahrnehmungs-, Denk-, Urteils-, Empfindungs- und Verhaltensgewohnheiten verankert sind.

2. Die Situationsanalyse

2. 1. »So richtig vorwärts geht nichts«

Der deutsche Manager erwartet, daß klar und verständlich vorgetragene Vertrags- und Verhandlungsangebote aufgegriffen, nachgefragt, beantwortet und zügig zu einem zufrieden stellenden Ergebnis und Abschluß geführt werden. Dies muß zudem in einem Zeitraum geschehen, der zwar nicht genau festgelegt ist, der aber vertretbar und absehbar ist. Das Verlaufsprinzip bei Verhandlungen nach deutschen Vorstellungen folgt eher einem linearen Konzept nach dem Muster: Anfang – Entwicklung – Resultat. Das Resultat bringt die Verhandlungspartner im Verlauf der Verhandlungen kontinuierlich in eine qualitativ höherwertigere Position als zu Anfang der Verhandlungen (siehe Abb. 2).

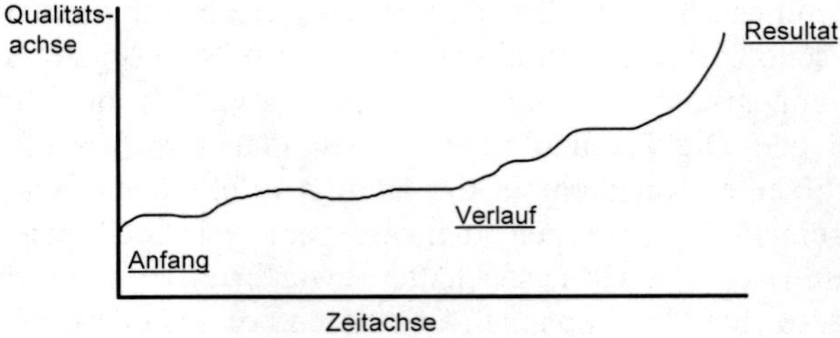

Abb. 2: Deutsches Verhandlungsverlaufsmuster

Die Chinesen in dem vorgetragenen Beispiel wollen ein Produkt kaufen. Dazu müssen alle direkt und indirekt vom Verhandlungsresultat betroffenen Personen das Produkt kennen lernen. Die gegenseitige Information und Abstimmung sowohl auf der horizontalen Ebene als auch auf den vielfältig verschachtelten vertikalen Organisationsebenen nehmen viel Zeit in Anspruch. Vieles wird wiederholt, erneut erörtert und von unterschiedlichen Sichtweisen aus betrachtet. Je wichtiger das Produkt und je langfristiger die Konsequenzen aus einem Geschäft sind, umso mehr Zeit bedürfen Verhandlungsverlauf und Vorbereitung des Vertragsabschlusses.

Das Verlaufsprinzip bei Verhandlungen nach chinesischen Vorstellungen folgt einem eher zyklischen Konzept: Viele Prozesse der Informationsgewinnung und -weitergabe, viele Erörterungen, Diskussionen etc. wiederholen sich und betreffen im Verlauf der Verhandlungen immer größere Personenkreise, wobei die Verhandlungsresultate dichter, fester, stabiler und damit auch qualitätvoller werden.

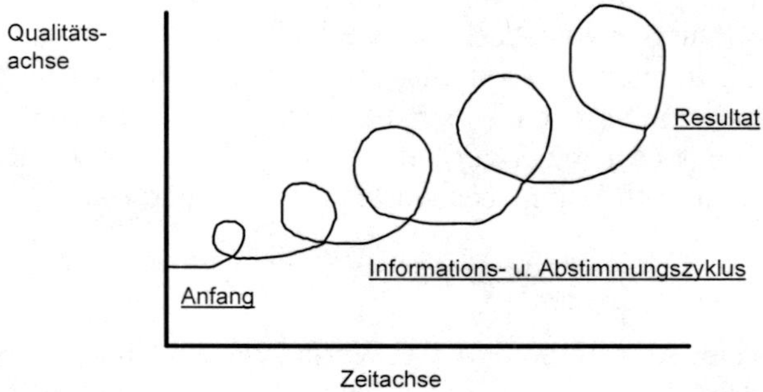

Abb. 3: Chinesisches Verhandlungsverlaufsmuster

2. 2. »Die Zeit drängte, die Verhandlungen liefen nicht effektiv«

Was sich ohne erkennbaren Grund lange hinzieht, ist aus deutscher Sicht, aber auch nach internationalen Managementvorstellungen nicht produktiv, ist kostenintensiv, paßt nicht ins gewohnte Managementdenken und bedarf der Erklärung. Ineffektiv verlaufende Verhandlungen müssen reflektiert, einer Ursachenanalyse unterzogen und präzisiert werden. Gegenmaßnahmen sind zu ergreifen oder die Verhandlungen müssen als gescheitert betrachtet werden.

Aus chinesischer Sicht verlaufen die Verhandlungen, obwohl oder gerade weil sie sich lange hinziehen, sehr produktiv.

2. 3. »Der Geschäftsführung des Unternehmens scheinen die Verhandlungen nicht effektiv genug«

Hier taucht ein altes Problem auf: Die Vorgesetzten und Kollegen im Stammhaus, die die schwierigen und oft komplexen Probleme vor Ort nicht kennen, die mit den Regeln chinesischer Geschäftsverhandlungen wenig vertraut sind, keine Sensibilität, kein Einfühlungsvermögen usw. besitzen, werden misstrauisch über den Verlauf und die Effektivität der Verhandlungen. Auch für sie bedürfen Abweichungen vom Gewohnten der Erklärung; dazu fällt ihnen aber nichts Besseres ein als eine personenspezifische Ursachenzuschreibung (Attribuierung), die lautet: »Wenig glückliche Verhandlungsführung« des Auslandsrepräsentanten.

2. 4. »Der Manager glaubt, die Taktik der Chinesen durchschaut zu haben«

Der Manager interpretiert das Verhalten der Chinesen als reine Hinhaltetaktik, die dazu dient, ihn zu zermürben. Zudem wollen die Chinesen durch das Hinauszögern der Verhandlungen und die immer wieder von vorne beginnenden Diskussionen an Informationen herankommen, die sie sonst nicht bekommen könnten und mit denen sie ihn gegen Konkurrenten ausspielen können.

Mit dieser Interpretation des Verhaltens seiner chinesischen Verhandlungspartner werden für den deutschen Manager alle bisherigen Unklarheiten beseitigt. Er glaubt, den wahren Grund für das chinesische Verhandlungsverhalten zu erkennen, er überwindet damit seine Unsicherheit und gewinnt ein höheres Maß an Orientierung und Klarheit. Die unklare und widersprüchliche Verhandlungssituation wird für ihn wieder durchschaubar und kontrollierbar.

Wenn diese Interpretation des Verhaltens der chinesischen Verhandlungspartner auch falsch ist, weil sie aus den deutschen, nicht aber aus den chinesischen Denk- und Verhaltens- (Verhandlungs-)gewohnheiten heraus entwickelt ist und weil sie nur deutschen Kulturstandards folgt, so hat sie für den deutschen Manager doch einen hohen Orientierungswert. Er glaubt nun zu wissen, woran er mit seinen Partnern ist und kann sich darauf einstellen. Zur kulturadäquaten Beurteilung seiner chinesischen Verhandlungspartner fehlt ihm kulturspezifisches Wissen und die erforderliche Sensibilität für kulturdivergentes Verhalten. Es fehlt ihm zudem die Fähigkeit, die eigentlich wirksamen Ursachen für die auftretenden Probleme zu erkennen sowie ambigue Situationen auszuhalten.

2. 5. »Er war wütend und verärgert über seine Verhandlungspartner, und schließlich schrie er sie unvermittelt an, daß er nicht mehr bereit sei, sich von ihnen hinhalten zu lassen«

Selbst wenn die chinesische Verhandlungsdelegation die physischen und psychischen Belastungen ihres deutschen Verhandlungspartners erkannt hätte, was eher unwahrscheinlich ist, da sie selbst mit ihren Verhandlungsproblemen vollauf beschäftigt war, hätte sie die Reaktion des Deutschen nicht verstehen und akzeptieren können. Jemand, der sich so gehen läßt, verliert nach chinesischer Auffassung sein Gesicht. Er zerstört die zwischenmenschliche Harmonie, indem er sich selbst und seine Partner in Verlegenheit bringt und ist damit in den Augen von Chinesen kein zuverlässiger und vertrauensvoller Verhandlungs- und Kooperationspartner mehr. Er verliert seine Kompetenz und sein Renommee.

3. Die Problembeschreibung

Der deutsche Manager hat aus Unkenntnis, aus mangelnder Feinfühligkeit und aufgrund falscher, d.h. kulturinadäquater Begründungskonstrukte (Attributionen) folgende Fehler begangen:

1. Er hat nicht beachtet, daß in China wie auch in anderen ostasiatischen Kulturen alle wichtigen Entscheidungen unter den von der Entscheidung betroffenen Personen besprochen, diskutiert und auf gegenseitige Akzeptanz hin überprüft werden. Diese gegenseitige Information und Abstimmung aber kostet viel Zeit. Eine auf diese

Weise getroffene Entscheidung ist dann allerdings auch stabil und über lange Zeit hinweg widerstandsfähig.

2. Er hat nicht beachtet, daß gerade dann, wenn die zu treffenden Entscheidungen von großer Bedeutung sind und weit reichende Folgen haben, aus chinesischer Sicht keine Eile geboten ist, sondern eher eine der Bedeutung des Verhandlungsgegenstandes angemessen lange Zeit zur Vorbereitung der zu treffenden Entscheidungen und der Verhandlungsführung notwendig ist. Hinzu kommen die in planwirtschaftlich-zentralistischen Systemen üblichen Rücksichtnahmen auf politische und bürokratische Entscheidungsträger, verbunden mit umständlichen und langwierigen Antrags- und Genehmigungsverfahren. Seine Partner konnten gar nicht schneller verhandeln, selbst wenn sie es gewollt hätten.
3. Er hat nicht beachtet, daß es für Chinesen völlig unüblich ist, Konflikte mit anderen Personen und problematische Situationen dadurch zu bereinigen, daß man die Konfliktursachen und die als problematisch erlebten Beziehungsverhältnisse offen und sehr direkt anspricht, um auf diese Weise Klarheit in die Beziehungsverhältnisse zu bringen und eine gegenseitig befriedigende Lösung anzustreben. Er hat nicht beachtet, daß Chinesen dazu neigen, über interpersonale Konflikte und Schwierigkeiten hinwegzusehen, sie zu ignorieren und sie allenfalls auf indirektem Wege anzusprechen und zu klären.
4. Er hat nicht beachtet, daß es in China unüblich ist, so unkontrolliert seine Gefühle zu äußern und den Partner zu maßregeln, mit dem man doch weiter verhandeln und eventuell einmal gut zusammenarbeiten möchte. Dies führt in China unweigerlich zu einem so nachhaltigen Gesichtsverlust, daß eine weitere Zusammenarbeit speziell mit diesem deutschen Manager für die

chinesischen Verhandlungspartner unmöglich ist. Nur wenn die Person, die ihr Gesicht verloren hat, gegen einen neuen Verhandlungspartner ausgetauscht wird, können die Verhandlungen wieder aufgenommen und zum Abschluß gebracht werden. Das gilt auch für den Fall, daß ein Chinese sein Gesicht verliert.

Auf jeden Fall sind durch das aus deutscher Sicht durchaus verständliche, wenn auch aus hiesiger Sicht nicht in allen Details akzeptierbare Verhalten des deutschen Managers nicht nur erhebliche Kosten entstanden und die Verhandlungen verzögert worden. Es entstand zudem ein erhebliches Risiko, daß diese Verhandlungen völlig scheiterten, kein erfolgreicher Abschluß zustande gekommen wäre und die angestrebten langfristigen ökonomischen Erfolge ausblieben. Das Risiko besteht sogar weiter fort, wenn die deutsche Unternehmensleitung das tut, was zum Schluß der Situationsschilderung angesprochen wird: »Man müsse wohl mehr oder weniger wieder von vorne anfangen und dies mit einem anderen Firmenvertreter.« Sicher müssen die Verhandlungen von nun an mit einem anderen Mitarbeiter der deutschen Firma geführt werden, aber so, daß dort angeknüpft wird, wo der Vorgänger die Kooperation beendet hat. Der neue Verhandlungsführer muß genau vorbereitet sein, alle Verhandlungsdetails und den bisherigen Verhandlungsverlauf kennen. Die chinesischen Partner erwarten keinen Neuling, sondern einen ausgezeichnet vorbereiteten Experten, der zudem besser in der Lage ist, mit den in China üblichen Traditionen, Normen, Regeln und der Etikette zurechtzukommen.

4. Die Handlungsalternativen

Nachdem die Verhandlungen sehr erfolg begonnen hatten, bereits viele Gespräche geführt worden wären, der deutsche Manager immer wieder neue Informationen nachgeschoben hatte sowie seine Bereitschaft zu Zugeständnissen und Konzessionen gezeigt hatte, schienen die Verhandlungen aus seiner Sicht auf ein für ihn positives Ergebnis zuzulaufen. Als er schließlich bemerkte, daß aber im Sinne des angestrebten Verhandlungsergebnisses bisher noch nichts Substanzielles erreicht worden war, hätte er sich zunächst einmal gezielt um Informationen über den Verlauf der internen Diskussions- und Informationsprozesse bei den Chinesen bemühen müssen. Dazu hätte er beispielsweise eine chinesische Vertrauensperson einschalten können, die über ihr persönliches Beziehungsnetz (Guanxi) Informationen darüber hätte einholen können, welche Teile des Verhandlungspakets unstrittig sind und welche Abstimmungen, Entscheidungen, Genehmigungen usw. noch ausstanden.

Falls ihm keine Mittelsperson für diese Aufgabe zur Verfügung gestanden hätte, wäre es für ihn möglich gewesen, vorsichtig und auf indirekte Weise, den Leiter der chinesischen Verhandlungsdelegation, also Herrn Wu, darüber zu informieren, daß er seitens seiner deutschen Vorgesetzten immer wieder Anfragen bekommt, wie weit die Verhandlungen nun gediehen seien und wann man zum Abschluß kommen könne. Er hätte seinem chinesischen Verhandlungspartner zu verstehen geben können, daß er versucht, seine Vorgesetzten davon zu überzeugen, daß die Verhandlungen auf einem guten Wege sind, daß aber noch viele Details im Verhandlungspaket in China besprochen werden müssen und daß es zur Klärung einer längeren Zeit bedarf. Er könnte zudem seinen Partner darauf hinweisen, daß die deutschen Vorgesetzten nun eine Art Zwischenbescheid benötigen, damit sie den Fortschritt der begonnenen Verhandlungen beurteilen können. Auf diese Weise könnte der deutsche Manager in dieser Situation fünf für ihn wichtige Ziele erreichen:

1. Er signalisiert seinem chinesischen Partner, daß er von einer positiven Verhandlungsabwicklung ausgeht und daß er, damit das so bleibt, seine Kooperationsbereitschaft bei der Erstellung von Argumentationshilfen benötigt.
2. Falls der chinesische Partner auf dieses Angebot eingeht, erhält er konkrete Informationen über den Stand der Abstimmungsprozesse auf chinesischer Seite. Er gewinnt dadurch Klarheit und Orientierungssicherheit und weiß somit, woran er ist. Falls ihm der Chinese diese Zusammenarbeit verweigert, indem er ihn mit nichts sagenden Floskeln abspeist, ihn nicht unterstützt, dann dient das ebenfalls der Klarheit.
3. Falls der chinesische Partner ihm die erbetene Unterstützung gibt, gewinnt er wieder Kontrolle über die Situation. Er hat erreicht, daß der chinesische Partner ihn informiert, und er kann mit diesen Informationen gegenüber seinen Vorgesetzten seine Leistungsfähigkeit in der Beherrschung der schwierigen Verhandlungssituation unter Beweis stellen.
4. Der deutsche Verhandlungsleiter kann über diese zunächst harmlos erscheinende Bitte um Unterstützung und Kooperation prüfen, ob es dem chinesischen Partner wirklich um Zusammenarbeit geht oder ob das Verhalten tatsächlich ein Resultat von Hinhaltetaktik, Informationsausbeutung und Ausspielen gegenüber Konkurrenten ist.
5. Falls dieser Versuch, auf indirektem Wege Informationen über den Entscheidungsprozeß auf chinesischer Seite zu bekommen, fehlschlagen sollte, bestände für den deutschen Verhandlungsleiter immer noch die Möglichkeit, dem chinesischen Partner zu signalisieren, daß er wegen anderweitiger Verpflichtungen zunächst einmal für längere Zeit nach Deutschland zurückreisen

müsse, daß er aber jederzeit für ihn als Gesprächspartner zur Verfügung stünde, falls die Verhandlungen weitergeführt werden sollten. Er könnte sich so zunächst einmal von dem Druck befreien, der auf ihm lastet, die chinesischen Partner schnell zu einem Verhandlungsabschluß zu bringen. Die Gesprächs- und Verhandlungsinitiative läge nun bei den Chinesen, die – falls sie wirklich ein so hohes Interesse an dem angebotenen Produkt und dem geplanten Joint-Venture haben – darauf über kurz oder lang eingehen werden.

5. Konsequenzen

Für den deutschen Verhandlungsleiter ist es von entscheidender Bedeutung, in der geschilderten Situation Handlungs- und Entscheidungsblockaden aufgrund überstarker emotionaler Belastungen zu verhindern. Durch ein kulturadäquates Kommunikations- und Kooperationsverhalten (Gesicht wahren, Guanxi) kann er ein für beide Seiten produktives und zufrieden stellendes Gesprächs- und Arbeitsklima schaffen.

Dieses Verhalten bedeutet noch keineswegs, sich nur nach den chinesischen Kulturstandards zu richten, sich völlig anzupassen und eigene Wertvorstellungen und Normen aufzugeben. Das geschilderte Lösungsverhalten zielt ab auf:

1. Informationssammlung und Situationsanalyse,
2. Angebot zur Kooperation zum gemeinsamen Vorteil,
3. eigene Vorstellungen und Wünsche sozial verträglich und mit Überzeugung zu vermitteln,
4. Kontrolle über das Geschehen zu behalten,
5. alle sich bietenden kulturspezifischen Handlungsmöglichkeiten zur Problemlösung zu nutzen unter Beachtung der kulturspezifischen Handlungsgrenzen.

Um eine solche physisch und psychisch hochgradig belastende Situation meistern zu können, um schon im Vorhinein die kulturell bedingten Aktions- und Reaktionsweisen der Partner und sein eigenes Verhalten und dessen Wirkungen in dieser spezifischen Verhandlungssituation realistisch einschätzen zu können, um dann darauf kulturadäquat reagieren zu können, bedarf es eines hohen Maßes an interkultureller Handlungskompetenz. Diese ist nur über den Weg interkulturellen Lernens zu erreichen.

5. 3. 2 Beispiel 2: »Das Kooperationsproblem«

1. Die Interaktionssituation

In einem von Triandis & Vassilou (1972) stammenden Beispiel für interpersonales Verhalten in einer kulturellen Überschneidungssituation wird auf der einen Seite das Verhalten eines amerikanischen Vorgesetzten dem eine griechischen Mitarbeiters gegenübergestellt und auf der anderen Seite die von den beiden Interaktionspartnern gehegten Vermutungen, Erwartungen und personenspezifischen Bewertungen dargestellt.

Verhalten	Kognitionen
Amerikaner: Wie lange brauchst du, um diesen Bericht zu beenden?	*Amerikaner*: Ich bitte ihn, sich zu beteiligen.
Grieche: Ich weiß nicht. Wie lange sollte ich brauchen?	*Grieche*: Sein Verhalten ergibt keinen Sinn. Er ist der Chef. Warum sagt er es mir nicht? *Amerikaner*: Er lehnt es ab, Verantwortung zu übernehmen. *Grieche*: Ich bat ihn um eine Anweisung.
Amerikaner: Du kannst selbst am besten einschät-	*Amerikaner*: Ich zwinge ihn, Verantwortung für seine

zen, wie lange es dauert.	Handlungen zu übernehmen. *Grieche*: Was für ein Unsinn! Ich gebe ihm wohl besser eine Antwort.
Grieche: 10 Tage.	*Amerikaner*: Er ist unfähig, die Zeit richtig einzuschätzen; diese Schätzung ist völlig unrealistisch.
Amerikaner: Besser 15. Bist du damit einverstanden, es in 15 Tagen zu tun?	*Amerikaner*: Ich biete ihm eine Abmachung an. *Grieche*: Das ist meine Anweisung: 15 Tage.
	In Wirklichkeit brauchte man für den Bericht 30 normale Arbeitstage. Also arbeitete der Grieche Tag und Nacht, benötigte aber am Ende des 15. Tages immer noch einen weiteren Tag.
Amerikaner: Wo ist der Bericht?	*Amerikaner*: Ich vergewissere mich, daß er unsere Abmachung einhält. *Grieche*: Er will den Bericht haben.
Grieche: Er wird morgen fertig sein.	(Beide schlussfolgern, daß er noch nicht fertig ist.)
Amerikaner: Aber wir haben ausgemacht, er sollte heute fertig sein.	*Amerikaner*: Ich muss ihm beibringen, Abmachungen einzuhalten. *Grieche*: Dieser dumme, inkompetente Chef! Nicht nur, daß er mir falsche Anweisungen gegeben hat, er würdigt

	noch nicht einmal, daß ich einen 30-Tage-Job in 16 Tagen erledigt habe.
Der Grieche reicht seine Kündigung ein.	Der Amerikaner ist überrascht. Grieche: Ich kann für so einen Menschen nicht arbeiten.

Abb. 4: Beispiel nach Triandis & Vassilou (1972)

2. Die Situationsanalyse

Der amerikanische Chef verfolgt ein bestimmtes Konzept, nach dem er seine Untergebenen zur Mitarbeit anhalten will. Sie sollen mitplanen, mitentscheiden, Vorschläge machen, Zusagen machen und dafür sorgen, daß sie eingehalten werden. Den Mitarbeiter als »Experten« für seinen Arbeitsplatz und seinen Aufgabenbereich will er ernst nehmen.

Der griechische Mitarbeiter demgegenüber erwartet einen Chef, der über alle Vorgänge seines Arbeitsbereichs so gut Bescheid weiß, daß er aus einer realistischen Planung heraus Zeitvorgaben machen kann, die auch eingehalten werden können. Nur wer dies kann, wird von ihm als Chef anerkannt. Ein Chef wird dafür bezahlt, daß er Entscheidungen trifft und Verantwortung trägt, und nicht dafür, daß er seine Untergebenen nach ihrer Meinung fragt und sie entscheiden lässt.

Da beide Kooperationspartner in dem Beispiel die jeweiligen Erwartungen des anderen nicht erfüllen, sprechen sie sich gegenseitig nicht nur für diese spezielle Aufgabe und in dieser spezifischen Begegnungssituation, sondern generell jegliche Leistungsfähigkeit und Kompetenz ab.

In diesem Beispiel begegnen sich zwar zwei Individuen mit ihren je spezifischen Lebenserfahrungen, Einstellungen und Wertvorstellungen, aber ihre Kommunikation und Kooperation ist nicht nur von diesen personenspezifischen, lebensgeschichtlichen Bedingungen und Entwicklungen determiniert, sondern auch von dem, was ihr jeweils kulturspezifisches Orientierungssystem für die Rolle eines Chefs und eines Mitarbeiters vorschreibt: Beim Amerikaner »management by motivation« und beim Griechen »Der Chef hat das Sagen, ich habe die Anweisungen zu befolgen«. Die kulturspezifischen Rollenvorschriften bestimmen also im konkreten Interaktionsfall die unterschiedlichen Rollenerwartungen der Partner und die aus der Verhaltensbeobachtung resultierenden Personenbewertungen. Die eigentliche Ursache für den entstehenden Kooperationskonflikt, der schließlich zum Interaktionsabbruch führt, liegt in den unreflektierten kulturabhängigen und in diesem Fall nicht kompatiblen Handlungsvorschriften. Da der amerikanische Chef und der griechische Mitarbeiter diese Zusammenhänge nicht durchschauen, nehmen sie zwangsläufig eine internale Attribuierung vor, d.h. die Schuld für das Versagen wird mit der persönlichen Inkompetenz des Partners begründet.

Die hier vorgenommene Analyse einer geschilderten kritischen Interaktionssituation zwischen amerikanischem Vorgesetzten und griechischem Mitarbeiter ist ein typisches Beispiel für eine mikroanalytische Betrachtung auf Verhaltens- und Attributionsebene. An Beispielen dieser Art lässt sich eine Sensibilisierung und ein Verständnis für interkulturelle Ablaufprozesse und den Einfluss kulturspezifischer Denk- und Verhaltensgewohnheiten auf das interaktive Verhalten gewinnen und vermitteln.

3. Die Handlungsalternativen

In dem geschilderten Fall handelt es sich um zwei außerordentlich qualifizierte Mitarbeiter des Unternehmens. Der amerikanische Vorgesetzte beherrscht die modernen Managementmethoden und nimmt den Begriff Mit-Arbeiter ernst, indem er von seinem griechischen Kooperationspartner Eigeninitiative, Mitdenken und Mitentscheiden und Eigenverantwortung verlangt. Der griechische Mitarbeiter geht auf die ihm seltsam erscheinenden Fragen und Anweisungen seines amerikanischen Chefs flexibel ein und ist bereit, Tag und Nacht zu arbeiten und den geforderten Bericht in einer erstaunlich kurzen Zeit und offensichtlich auch auf hoher Qualität zu erstellen. An mehreren Stellen des Verhaltensablaufs wäre für beide Partner, vornehmlich aber für den amerikanischen Vorgesetzten, die Möglichkeit gegeben, eine Metadiskussion zu führen, indem er einerseits nachfragt, warum der griechische Mitarbeiter so erwartungswidrig antwortet. Er hätte ihn z.B. nach seinen bisherigen Erfahrungen im Umgang mit Vorgesetzten, der Entgegennahme von Anweisungen und der Erstellung von Berichten fragen können. Außerdem hätte er in Form selbstexplorativer Äußerungen dem Griechen verständlich machen können, warum er bestimmte Fragen stellt und von ihm bestimmte Reaktionen erwartet. Solche Fragestellungen bzw. selbstexplorative Aussagen dienen zudem bekanntermaßen dem Aufbau und der Stärkung gegenseitigen Vertrauens.

Der griechische Mitarbeiter hätte seinem amerikanischen Vorgesetzten nicht einfach 10 Tage nennen sollen, was offensichtlich völlig aus der Luft gegriffen war, um nur irgendeine Antwort zu geben, sondern er hätte im deutlich machen müssen, daß er eine realistische Einschätzung der Arbeitszeit nicht vornehmen kann, da ihm dazu die Kenntnisse und Erfahrungen fehlen. Zudem hätte er merken müssen, daß der amerikanische Chef nicht einfach anweist, sondern durchaus bereit ist, über arbeitsrelevante Aspekte zu diskutieren. Diese Möglichkeit hätte er aufgreifen können, um mit ihm über die problematischen Sachverhalte ins Gespräch zu kommen. So reden beide aneinander vorbei und die produktive Zusammenarbeit zwischen zwei fachlich durchaus kompetenten Personen bricht zusammen.

5. 3. 3 Beispiel 3: »Der Empfang«

1. Die Interaktionssituation

Kurz nach seiner Ankunft in dem deutsch-chinesischen Joint-Venture-Unternehmen in Peking lädt der deutsche Geschäftsmann Müller seinen chinesischen Kollegen zum besseren Kennen lernen zu sich nach Hause ein. Nachdem Herr Chang am Couchtisch Platz genommen hat, entwickelt sich folgendes Gespräch:

M: »Herr Chang, darf ich Ihnen eine Tasse Kaffee anbieten?«
C: »Nein, danke.«
M: »Ach, mein Gott, das habe ich völlig vergessen, Sie trinken ja hier in China ja gar keinen Kaffee, Sie trinken sicher lieber eine Tasse Tee.«
C: »Nein, bitte machen Sie sich keine Mühe! In China wird aber durchaus Kaffee getrunken.«
M: »Ja, wissen Sie, in unserer Familie ist es ganz unüblich, Tee zu trinken. Aber ich werde sicherlich noch irgendwo etwas Tee auftreiben, und meine Frau wird ihn dann für Sie zubereiten.«
C: »Nein, bitte, machen Sie sich meinetwegen keine Mühe!«
M: »Also, Sie wollen gar keinen Tee. Ja, was kann ich Ihnen denn sonst anbieten, vielleicht einen Orangensaft?«
C: »Nein, bitte, ich möchte Ihnen keine Umstände bereiten.«
M: »Ja, aber Sie müssen doch, denke ich, nach der langen Busfahrt hierhin und bei der Hitze, die draußen herrscht, durstig sein. Soll ich Ihnen vielleicht ein Glas Wasser reichen?«
C: Keine Antwort
M: »Ja, das ist sicher das beste gegen den Durst, ein Glas Wasser.«

Herr M. geht in die Küche und kommt mit einem Glas Wasser wieder.
M: »Es ist immer schwierig, in einem fremden Land mit so für uns Deutsche ungewöhnlichen Temperaturen herauszufinden, was man einem Gast zu trinken anbieten kann. daß Sie keinen Kaffee trinken wollen, kann ich gut verstehen, denn als ich nach meiner Ankunft am Flughafen und dann noch einmal vor wenigen Tagen im Restaurant einen Kaffee bestellt habe, ja, entschuldigen Sie, aber ich muss sagen, das ist eigentlich kein Kaffee, das ist mehr eine braune Brühe. Wir haben gut daran getan, uns mit viel Kaffee aus Deutschland einzudecken, denn wissen Sie, bei uns in Deutschland sind wir es gewohnt, hochveredelten Bohnenkaffee zu trinken. Etwas anderes käme bei uns gar nicht auf den Tisch.«

Herr Müller und Herr Chang sind nach dieser kurzen Gesprächssituation völlig verwirrt. Haben sie etwas falsch gemacht?

2. Die Situationsanalyse

Es handelt sich hier offensichtlich nicht um eine Erstbegegnung zwischen Menschen aus unterschiedlichen Kulturen, sondern es hat schon ein erstes Kennen lernen stattgefunden, doch die geschilderte Situation zu Beginn eines so wichtigen Treffens hat psychologisch betrachtet durchaus Erstbegegnungscharakter. Der Deutsche, Herr Müller, lädt seinen chinesischen Kollegen, Herrn Chang, schon kurz nach seiner Ankunft zum Kennen lernen in seine Wohnung ein. Herr Müller ist offensichtlich sehr darauf bedacht, einen guten Eindruck zu hinterlassen und von Herrn Chang als höflicher und freundlicher Gastgeber wahrgenommen zu werden, der sich bemüht, eine gute Arbeitsatmosphäre zu schaffen. Er ist sich sicher bewusst, daß der erste Eindruck besonders prägend und bedeutsam ist, für das weitere Geschehen, und so versorgt er ihn mit Kaffee, Tee, Orangensaft und bietet seinem Gast alles Erreichbare und Naheliegende an Getränken an. Dabei erfährt er, daß sein Gast alles »ablehnt«, bis letztlich nur noch Wasser übrig bleibt. Genauer betrachtet hat Herr Chang sich zwar zu den angebotenen Getränken geäußert, sie eigentlich auch nicht direkt abgelehnt und auch keine eigenen Wünsche geäußert, aber das ganze erscheint Herrn Müller doch recht merkwürdig. Er kann offensichtlich mit den Bemerkungen von Herrn Chang nichts anfangen, und das Schweigen zum Schluss ist ihm unheimlich, denn er überbrückt die eingetretene Stille zu einer Darlegung über eine seiner ersten Erfahrungen in China: Der chinesische Kaffee ist mit der Qualität des deutschen hochveredelten Bohnenkaffees nicht vergleichbar. Er liefert sich damit selbst eine, wie er glaubt, vernünftige Begründung dafür, daß Herr Chang sein Angebot, einen Kaffee mit ihm zu trinken, abgelehnt hat. Zugleich erklärt er ihm die Vorzüge des deutschen Kaffees und legitimiert somit, daß er ihm als erstes Kaffee (deutschen Bohnenkaffee) angeboten hat und nicht Tee.

Für Herrn Chang ist es schon äußerst ungewöhnlich, sofort nach der Ankunft von Herrn Müller von ihm eingeladen zu werden und dann noch alleine bei ihm zuhause. Er fühlt sich unwohl, weiß nicht, warum nicht auch andere chinesische Mitarbeiter der gleichen Hierarchiestufe miteingeladen wurden und warum das ganze dann nicht auf »neutralem« Boden in einem Restaurant stattfindet, sondern so privat zuhause bei Herrn Müller. Aus seiner Sicht entspricht dieses Absondern und Hervorheben einer einzelnen Person nicht der gewohnten Etikette, was ihn verunsichert, peinlich berührt und besonders vorsichtig und zurückhaltend werden lässt. Zugleich will auch er einen guten Eindruck bei Herrn Müller hinterlassen, denn schließlich wird er einige Zeit mit ihm zusammenarbeiten müssen. Sich an die Etikette zu halten, ist deshalb für ihn eine Selbstverständlichkeit. Das gibt ihm Sicherheit und Zuversicht, keinen Fehler zu begehen. Die chinesische Etikette sieht für den Fall einer solchen Begegnungssituation genau das vor, was Herr Chang auch tut. Er bedankt sich höflich für die angebotenen Getränke, lehnt sie zwar nicht direkt, aber indirekt ab, weil er Herrn Müller keine Arbeit und keine Umstände machen möchte, getreu den beiden zentralen Regeln für Gast und Gastgeber: 1. Gäste sind verpflichtet, es dem Gastgeber leicht zu machen und 2. ein Gast sollte ein Höchstmaß an Bescheidenheit zeigen, sich nicht hervortun, keine ungebührlichen Forderungen stellen und nicht gierig erscheinen. Erst wenn der Gastgeber drängt, etwas zu sich zu nehmen, indem er die Aufforderung mehrfach wiederholt, gebietet es die Höflichkeit unter ständig wiederholten Entschuldigungen für die Mühe, die man dem Gastgeber bereitet, das Angebotene auch anzunehmen. Dabei hält der Gastgeber selbstverständlich nur das Beste für den Gast bereit.

3. Die Handlungsalternativen

In der vorliegenden Situation sind Kaffee und Tee, auf keinen Fall aber Wasser, angemessene Getränke. Ein Glas Wasser anzubieten und gleichzeitig den irgendwo in China angebotenen Kaffee als allgemein chinesischen Kaffee in Bausch und Bogen zu kritisieren und im Vergleich dazu den deutschen Bohnenkaffee als die Krönung der Kaffeekultur zu loben, kommt schon einer Beleidigung gleich. Wenn Herr Chang Herrn Müller gegenüber wohl gesonnen ist, wird er dessen unkultiviertes Verhalten vermutlich entschuldigen, da er erst gerade in China angekommen ist und noch nicht weiß, was sich gehört und was gute Sitte ist.

Beide haben in dieser Situation zweifelsohne voneinander gelernt. So hat Herr Müller erfahren, daß es offensichtlich nicht so ganz einfach ist, Chinesen dazu zu bewegen, sich klar und eindeutig zu etwas so harmlosen, wie einem angebotenen Getränk, zu äußern. Immer wieder musste er von sich aus Vorschläge machen, auf die Herr Chang aber nicht klar und eindeutig reagierte. Auch auf seine Entschuldigung, mit Kaffee statt mit dem in China üblichen Tee begonnen zu haben, wird von Herrn Chang nicht in erwarteter Weise reagiert. So richtig sprachliche Missverständnisse gibt es nicht, und doch verläuft diese Situation für Herrn Müller so unerwartet, daß er sich schließlich zu seiner eigenen Überraschung in der Situation wieder findet, Herrn Chang nur ein Glas Wasser anzubieten, wobei er sich nicht sicher ist, ob er damit Herrn Chang wirklich zufrieden stellt. Wenn ihm seine chinaerfahrenen Arbeitskollegen vorher immer erzählt hatten, daß es außerordentlich schwierig ist, Chinesen zu verstehen und man nie so richtig weiß, woran man bei ihnen ist, dann hat er nun schon kurz nach seiner Ankunft den Beweis für die Richtigkeit dieser Information in Händen. Herr Chang hat sicher aus der Situation auch etwas gelernt, daß Herr Müller zwar bemüht ist, ihm etwas anzubieten, aber nicht versteht, diese Angebote so zu kommunizieren, daß es ihm ohne Gesichtsverlust möglich ist, sich dazu klar zu äußern bzw. er nicht die Geduld aufbringt, die Angebote häufig genug zu wiederholen. Die etwas ungehobelte und plumpe Vertraulichkeit, mit der Herr Müller ihm seine schlechten Erfahrungen mit chinesischem Kaffee im Vergleich zu deutschem Kaffee erzählt, bestärkt Herrn Chang in der Überzeugung, daß Herr Müller zwar ein netter und freundlicher Mensch ist, der sich auch bemüht, es dem Gast angenehm zu machen, aber gleichzeitig äußerst ungeschickt und unkultiviert in dieser für beide Seiten sensiblen Situation agiert. Er gewinnt die Überzeugung, daß Herr Müller noch viel lernen muss, wenn er in China leben und erfolgreich arbeiten will. Zudem wird er seine Vermutung erneut bestätigt finden, daß Ausländer allesamt Barbaren sind und

sich nicht zu benehmen wissen, zumindest nicht die Qualität kultivierten Miteinanderumgehens erreichen, die für Chinesen selbstverständlich ist.
Beide haben entsprechend ihren kulturellen Orientierungsmustern versucht, diese nicht ganz unproblematische Begegnungssituation zu meistern. Beide haben sich um Freundlichkeit und gegenseitiges Verstehen bemüht. Beide haben erfahren, daß der jeweilige Partner sich nicht so verhalten hat, wie man es selbst gewohnt ist und für richtig erachtet. Beide haben daraus die Schlussfolgerung gezogen, daß der jeweilige Partner in der Situation recht inkompetent reagiert hat und daß dies für Menschen aus der jeweiligen Herkunftskultur durchaus üblich ist. Beide waren aber nicht in der Lage, die Ursachen für das ungewöhnliche Verhalten zu ergründen und zu verstehen, warum beide die Situation so wahrgenommen und gerade so organisiert haben, daß es zu den wechselseitigen Irritationen kommen musste. Die Interaktionssituation wird von beiden Partnern als kritisch erlebt, und jeder versucht, eine Erklärung dafür zu finden, warum sein Partner sich so anders verhalten hat als er das erwartete. Diese Erklärungs- und Begründungsversuche sind subjektive Konstrukte, meist gespeist aus Vorurteilen, Stereotypen, Vorstellungsbildern oder plausibel erscheinenden Annahmen über Verhaltensursachen. Selbst eine noch so genaue Situationsanalyse erlaubt es den Partnern nicht, sich die kulturspezifischen Grundlagen für Bedingungen, Verlauf und Wirkungen des gezeigten Verhaltens zu erschließen.

5. 4. Interkulturelles Lernen

Im Laufe der stammesgeschichtlichen Entwicklung (Phylogenese) hat der Mensch mit Hilfe der ihm unbegrenzt zur Verfügung stehenden Lernfähigkeit eine Vielzahl von Lebensformen, Lebenswelten und Kulturen entwickelt und ebenso entwickelt sich jeder Mensch in seiner individuellen, unverwechselbaren Lebensgeschichte (Ontogenese) mit Hilfe seiner offenbar unbegrenzten Lernfähigkeit zu dem, was er während seiner Lebenszeit darstellt. Durch Lernen und durch die Weitergabe gewonnener Erfahrungen ist es ihm gelungen, über Generationen hinweg und bei nahezu allen auf diesem Planeten vorhandenen ökologischen Bedingungen zu überleben, wenn auch zum Teil nur unter Einbeziehung hoch entwickelter technischer Hilfsmittel (Bewässerungs-, Energiegewinnungs-, Hausbau-, Küstenschutztechnologie etc.). Die durch Lernen zu erwerbenden Handlungsmöglichkeiten und die Anpassungsfähigkeit des Menschen, so zeigt die bisherige Geschichte, ermöglicht Entwicklungen, die hoffen lassen, daß auch die durch Prozesse der Internationalisierung und Globalisierung weiter Bereiche des gesellschaftlichen Lebens sowie der in quantitativer und qualitativer Hinsicht intensivierten Begegnung von Menschen aus unterschiedlichen Kulturen entstehenden neuen Anforderungen durch Lernen, durch interkulturelles Lernen und Akkulturation bewältigt werden können.

Für viele Lernpsychologen und Pädagogen wäre folgende Lerndefinition akzeptabel: »Von Lernen sprechen wir dann, wenn gegenüber einem früheren Zustand eine Veränderung stattgefunden hat […]. Sie muß auf Erfahrung und/oder Übung des Organismus zurückgehen und überdauernd, d.h. längere Zeit verfügbar sein. Realisiert werden kann dies in Veränderung von Verhaltensweisen und Veränderung von kognitiven ›Strukturen‹ (Schermer, 1991, S. 10-22). Kurz gesagt: Lernen beinhaltet eine »psychische Veränderung aufgrund von ›Erfahrung‹. So zutreffend, klar und knapp diese Definition auch ist, so unterschiedlich sind die darauf aufbauenden Lerntheorien je nach Interpretation der Zentralbegriffe ›Veränderung‹ und ›Erfahrung‹.

Veränderung versuchen alle Lerntheorien zu erklären. Aber in einem Reiz-Reaktions-Paradigma wird Veränderung prinzipiell als Wirkung eines Umwelteinflusses gedeutet und auf einen eng umschriebenen Merkmalsbereich des Subjekts begrenzt (beobachtbares Verhalten); eine proaktive Auffassung vom Lerner versteht dagegen Veränderung als Resultat einer aktiven Auseinandersetzung mit der Umwelt und achtet auf Veränderungen in allen Bereichen des psychischen Systems. Dasselbe gilt für das Schlüsselkonzept ›Erfahrungen‹. Es drückt die Tatsache aus, daß nominale (d.h. objektive) Reize erst zu funktionalen (d.h. für das Subjekt bedeutsamen) Ereignissen werden, wenn der Lerner sie kognitiv und emotional verarbeitet. Das Konzept vom ›proaktiven‹ Lerner betont, daß dieser nicht nur Reize selegiert und verarbeitet (das ist eine empirische Selbstverständlichkeit), sondern daß er – abhängig von Interessen, Bedürfnissen, Situationsdeutungen, Handlungszielen und Handlungsplänen – in hohem Maße das Material für seine Erfahrungen selbst aufsucht und aktiv beeinflußt. ›Verhalten wird durch die Umwelt beeinflußt, aber die Umwelt ist zum Teil Resultat des Handelns einer Person‹ (Bandura, 1978, S. 344). Ein angemessenes Modell für die Erfassung der pädagogischen Situation ist da nicht die programmierte, vom Lerner nicht beeinflußbare Darbietung von Lernreizen, sondern die Wechselwirkung zwischen Lerner und Umwelt in dem Sinne, daß der Lerner auch Einfluß auf die Lernumwelt nimmt und über diese Einflußnahme Erfahrungen mit verändernder Wirkung sammelt (Weidenmann & Krapp, 1986, S. 12 f.).« Diese Beschreibung von Lernen und der Steuerung von Lernprozessen ist für interkulturelles Lernen, wie sich im weiteren Verlauf zeigen wird, von zentraler Bedeutung.

Bedingung dafür, ob überhaupt gelernt wird und was gelernt wird sowie wie viel und wie übergreifend (transferwirksam), sind zweifellos Lernanreizbedingungen, Lernmotivation, Lernmethode, Lerninhalt und antizipierte Lernergebnisse sowie die Reflexion des gelernten in Hinblick auf eigenen Lernzuwachs sowie eine Einbettung in einen größeren Kontext. Zu beachten ist dabei aber auch die Wirksamkeit von Reaktionstypen auf Fremdheit. Um in kulturellen Überschneidungssituationen Orientierungsunsicherheit oder sogar Orientierungsverlust zu vermeiden, versuchen die betroffenen Personen, passende, für sie persönlich sinnvolle Erklärungen zu konstruieren, die ihnen eine zufrieden stellende Situationsbewältigung ermöglichen. Vier unterschiedliche Reaktionstypen sind dabei zu beobachten. Dabei kann es individuelle Vorlieben für einen der Reaktionstypen geben als Resultat der bisherigen Sozialisations- und Lerngeschichte. Die Reaktionstypen können aber auch bereichsspezifisch aktiviert zum Einsatz kommen, z.B. als »Macher« im beruflichen Arbeitsfeld und als »Universalist« im Bereich der privaten Kontakte zu Menschen der Gastkultur. Abbildung 4 enthält eine Zusammenstellung und kurze Charakterisierung der Reaktionstypen auf Fremdheit:

1. **Der Ignorant**: Wer nicht so denkt und handelt, wie es richtig ist, d.h. wie ich es gewohnt bin, ist entweder dumm (ihn muß man aufklären), unwillig (ihn muß man motivieren oder zwingen) oder unfähig (ihn kann man trainieren). Wer sich nach allen erdenklichen Bemühungen immer noch falsch verhält, dem ist nicht zu helfen. Er kommt als Partner nicht in Betracht. Kulturell bedingte Verhaltensunterschiede werden nicht wahrgenommen, nicht ernst genommen oder einfach negiert.
2. **Der Universalist**: Menschen sind im Grunde auf der ganzen Welt gleich. Kulturelle Unterschiede haben – wenn überhaupt – nur unbedeutende Einflüsse auf das Managementverhalten. Mit Freundlichkeit, Toleranz und Durchsetzungsfähigkeit lassen sich alle Probleme meistern. Im Zuge

der Tendenz zur kulturellen Konvergenz werden die noch bestehenden Unterschiede im »global village« sowieso rasch verschwinden.
3. **Der Macher**: Ob kulturelle Einflüsse das Denken oder Verhalten bestimmen oder nicht, ist nicht so wichtig. Entscheidend ist, daß man weiß, was man will, daß man klare Ziele hat, sie überzeugend vermitteln kann und sie durchzusetzen versteht. Wer den eigenen Wettbewerbsvorteil erkennt und ihn zu nutzen versteht, gewinnt – unabhängig davon, in welcher Kultur er lebt und tätig wird.
4. **Der Potenzierer**: Jede Kultur hat eigene Arten des Denkens und Handelns ausgebildet (kulturspezifisches Orientierungssystem), die von den Mitgliedern der Kultur gelernt und als »richtig« anerkannt werden. Produktives internationales Management muß diese unterschiedlichen Denk- und Handlungsweisen auch als Potenzial erkennen und ernst nehmen. Kulturelle Unterschiede können aufeinander abgestimmt und – miteinander verzahnt – synergetische Effekte erzeugen und so einen Wettbewerbsvorteil im internationalen Management bieten.

Abb. 5: Reaktionstypen auf Fremdheit

Bei diesen Reaktionstypen auf Fremdheit bietet der Typ des »Potenzierers« die beste Gewähr dafür, daß Lernen auf einem Niveau stattfindet, das interkulturelles Verstehen und interkulturelle Handlungskompetenz zur Folge hat, wohingegen beim Reaktionstyp »Ignorant« und »Macher« die Wahrscheinlichkeit zum interkulturellen Lernen geringer ist als beim »Universalist«, der zumindest bereit ist, sich auf den Partner einzulassen. Zudem hofft er auf die Wirkung einer sich entwickelnden kulturellen Konvergenz und sollte sie wider Erwarten nicht eintreten, wird er eher eine Haltung einnehmen können, die dem des Potenzierers entspricht.

Wenn es beim interkulturellen Lernen auf den »anderskulturellen Kontext« ankommt, den es zu berücksichtigen und zu bearbeiten gilt, könnte man auf die Idee kommen, daß derjenige, der lange und ausgiebig in vielen unterschiedlichen kulturellen Kontexten gelebt und gearbeitet hat, über den Prozeß des »learning-by-doing« schnell die höchste Stufe interkulturellen Verstehens und interkultureller Kompetenz erreicht. Die interkulturelle Trainingsforschung aber zeigt, daß eigene und interkulturelle Erfahrung nur dann auf dem erforderlichen Qualitätsniveau wirksam wird, wenn sie von gezielten Beratungs- und Trainingsmaßnahmen vorbereitet und begleitet wird (Landis, Bennett & Bennett, 2004[3]; Boud, Keogh & Walker, 1985; Kolb, 1984 und Stumpf, 2003).

Kammhuber (2000) hat aufbauend auf dem in den letzten Jahrzehnten in der Pädagogik und der Lehr-Lern-Forschung favorisierten Ansatz des situierten Lernens (Clancey, 1997; Greeno, Collins & Resnick, 1996) und dem von Schwartz, Lin, Brophy & Bransford (1999) entwickelten sog. »Legacy Circle« ein Modell für situiertes Lernen in interkulturellen Kontexten entwickelt (Abb. 6).

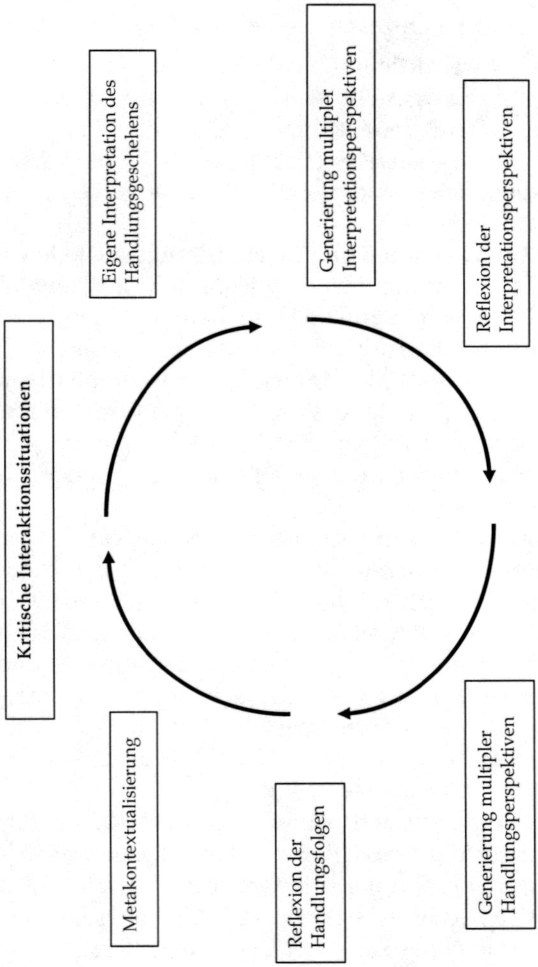

Abb. 6: »Interkulturelle Anchored Inquiry nach Kammhuber (2000)«

Als Stufen des Lernprozesses werden definiert:

1. **Kritische Interaktionssituationen,** wie sie z.B. im Abschnitt 5.3 dargestellt sind. Eine Konfrontation mit kritischen Interaktionssituationen, ihre Annahme und Akzeptanz sowie die Bereitschaft sie als Lernmöglichkeit anzuerkennen sind wichtige Voraussetzungen zu intendiertem Lernen.
2. **Eigene Interpretationen des Handlungsgeschehens**, wobei die aktive Auseinandersetzung mit der kulturell bedingt kritischen Interaktionssituation die Bereitschaft zur Aufnahme alternativer Interpretationen fördert.
3. **Generierung multipler Interpretationsperspektiven** führt zur Erweiterung des Wahrnehmungsspektrums, zur Aufnahmebereitschaft für Expertenmeinungen und fördert damit die so wichtige Fähigkeit zum Perspektivenwechsel.
4. **Reflexion der Interpretationsperspektiven**: Eine solche Reflexion bezieht sich auf den Inhalt der kulturell bedingt kritischen Interaktionssituation, auf die Art und Weise des Interpretationsprozesses und auf die mit der Interpretation verbundenen Antizipationen und zwar von beiden Seiten. Von Bedeutung für das interkulturelle Lernen sind hierbei die Reflexion der Voraussetzungen und der Erwartungen, mit denen die Interpretation vorgenommen wurde.
5. **Generierung multipler Handlungsperspektiven** fördert die Kreativität bezüglich des Umgangs mit der Situation und der Lösung entstandener Probleme. Der Perspektivenwechsel in Bezug auf Handlungsoptionen und evtl. Handlungspläne wird dadurch gefördert.
6. Die **Reflexion der Handlungsfolgen** geht über die Reflexions- und Handlungsperspektive deutlich hinaus und fokussiert auf die Antizipation möglicher Folgen alternativer Situations- und Problemlösestrategien, und

das sowohl in Bezug auf die Folgen des eigenen Handelns als auch auf die des Partners.

7. Die **Metakontextualisierung** bewirkt eine Loslösung des konstruierten Wissens von der geschilderten Situation. Die Methode des kontrastiven Fallvergleichs ermöglicht einerseits, Gemeinsamkeiten und Unterschiede herauszuarbeiten, und andererseits wird die Effizienz des erworbenen Wissens getestet und das abgespeicherte Wissen unter Umständen modifiziert. Dies führt zur Flexibilität des Wissens und ermöglicht einen effektiven Transfer vom Lernbeispiel hin zur Alltagspraxis. Die hier angesprochene Transferproblematik ist auch im interkulturellen Lernkontext schwer zu lösen, da keine Garantie besteht, daß Gelerntes in einem konkreten, womöglich stark belasteten Situation auch angewendet werden kann und angewandt wird.

Als weiteren wichtigen Schritt beschreibt Kammhuber (2000) die Internalisierung des interkulturellen Anchored Inquiry:

»Um die Unabhängigkeit des interkulturellen Lerners im Handlungsfeld zu gewährleisten, ist es notwendig, daß der Lernende die in der Interkulturellen Anchored Inquiry angelegten Lernprozesse internalisiert. Der Lehrende kann diesen Prozeß unterstützen, indem er ihn expliziert und einer Reflexion zugänglich macht. Für die Internalisierung der Interkulturellen Anchord Inquiry wurde das ›SPATEN-Modell‹ (Thomas, Layes & Kammhuber, 1998, S. 140) entwickelt, das die Lernenden unterstützen soll, im interkulturellen Lerngegenstand ›tiefer zu schürfen‹ und nicht in vorschnelle, oberflächliche und den Handlungsprozess eventuell verzerrende Bewertungsmuster zu verfallen« (S. 116-117) (s. Abb. 7).

1. **S**top des automatischen Bewertungsprozesses (Vermeidung des fundamentalen Attributionsfehlers)
2. **P**räzisierung der Irritation (Genaue Problemdefinition)
3. **A**ndere Einflussfaktoren berücksichtigen (Einnahme multipler Perspektiven)
4. **T**hematisierung der eigenen Erwartungen an eine monokulturelle Situation
5. **E**igenkulturelle Standards reflektieren
6. **N**ach möglichen fremdkulturellen Standards suchen (Einbezug konzeptueller Werkzeuge)

Abb. 7: Der **SPATEN**

»Der SPATEN stellt eine Reflexionsmöglichkeit für interkulturelle Interaktionssituationen dar, nach deren Abschluss Handlungsoptionen generiert und auf ihre Konsequenzen hin eingeschätzt werden und schließlich die der Situation und Person angemessenste Option ausgewählt wird. Daran kann sich ein Handlungstraining anschließen« (S. 117).

Weitere Details zum interkulturellen Lernen und zu den Schlußfolgerungen, die sich daraus für interkulturelle Trainings ziehen lassen, finden sich in: Kammhuber (2000), Landis & Brislin (1983), Landis & Bhagat (1996²), Landis, Bennett & Bennett (2004³), Thomas, Kammhuber & Schroll-Machl (2003), Thomas, Kinast & Schroll-Machl (2005²).

5. 5. Akkulturation

Der Aufenthalt in einer anderen Kultur, besonders wenn er von längerer Dauer ist und ihm ein hohes Maß an Bedeutung zukommt (z.B. Studienaufenthalt, beruflich bedingter Auslandsaufenthalt, freiwilliges soziales Jahr in der Entwicklungshilfe) und die dabei tagtäglich erfolgende Konfrontation mit kulturell bedingter Fremdheit, erwartungswidrigen Verhaltensweisen und missverstandenen Reaktionen führt zu Veränderungen der beteiligten Personen, sowohl der ausgereisten wie der Gastlandbewohner. Zeitlich von vorneherein begrenzte Aufenthalte mit einer klaren Zielvorgabe und Ausführungsstrategie (z.B. einjähriges Auslandsstudium, dreijähriger Auslandseinsatz als Bereichsleiter) sind in Bezug auf Anforderungen an interkulturelles Lernen und entsprechende Anpassungsleistungen von anderer Qualität als das, was Migranten, Heimatvertriebene, Verfolgte etc. an interkulturellen Belastungen und an Anpassungs- bzw. Integrationsleistungen zu erbringen haben (Schönpflug, 2003a[2], 2003b). Diese Thematik fällt unter den Begriff Akkulturation.

Während man mit Enkulturation den im Verlauf der Ontogenese stattfindenden Prozeß des Hineinwachsens in eine spezifische Kultur bezeichnet, versteht man gemeinhin unter Akkulturation »...alle jene Erscheinungen, die aus dem kontinuierlichen, direkten Kontakt von Gruppen oder Individuen aus unterschiedlichen Kulturen und den daraus folgenden Veränderungen der ursprünglichen Kulturmuster einer oder beider Gruppen entstehen« (Redfield, Linton & Herskovits, 1936, S. 149). Dabei wird unterschieden zwischen Akkulturationsleistungen, die von Individuen und solchen, die von Gruppen erbracht werden. »Die Unterscheidung zwischen Akkulturation von Gruppen und individueller Akkulturation ist aus zwei Gründen hervorzuheben: Einmal sind die beobachteten Bereiche unterschiedlich, denn bei der Analyse der Akkulturation von Gruppen geht es vor allem um politische, sozio-ökonomische und kulturelle Veränderungen; bei individueller Akkulturation geht es vor allem um die Veränderung von persönlichen Ressourcen durch die Kulturkontaktsituation« (Schönpflug, 2003a², S. 518).

Für Individuen stellen sich im Verlauf des Akkulturationsprozesses nach Berry (1990) zwei Fragen:

1. Will man die eigene kulturelle (Herkunfts-)Identität erhalten?
2. Will man positive interkulturelle Beziehungen zur Aufnahmegesellschaft herstellen?

Je nachdem, wie diese Fragen beantwortet werden, ergeben sich vier Arten der Akkulturation im Kulturkontakt, nämlich Integration, Assimilation, Separation und Marginalität (Abb. 8).

	Erhalt der eigenen kulturellen Identität		
		ja	**nein**
Herstellen positiver interkultureller Beziehungen	**ja**	Integration	Assimilation
	nein	Separation	Marginalität

Abb. 8: Arten der Akkulturation im Kulturkontakt nach Berry (1990)

Im Einzelnen werden die Arten der Akkulturation folgendermaßen charakterisiert:

Integration: Sie zeichnet sich aus durch Beibehaltung der kulturellen Identität und Herstellung

positiver Beziehungen zur dominanten Gruppe.
(z.B. »Die Beziehungen, die ich zu Koreanern habe, sind wertvoll, während die Beziehungen zu Deutschen auch ihren Wert haben.«)

Assimilation: Sie ist bestimmt durch den Verlust der kulturellen Identität zugunsten positiver Beziehungen zu Mitgliedern der dominanten kulturellen Gruppe.
(z.B. »Die meisten meiner Freunde sind Deutsche, weil sie unterhaltsam sind und ich mich sehr bei ihnen fühle. Bei Koreanern fühle ich mich nicht so wohl.«)

Separation: Sie hat die Bewahrung der eigenen kulturellen Identität bei gleichzeitiger Isolierung von der dominanten kulturellen Gruppe zur Folge.
(z.B. »Die meisten meiner Freunde sind Koreaner, weil ich mich sehr wohl bei ihnen fühle. Bei Deutschen fühle ich mich nicht so wohl.«)

Marginalität: Sie bedeutet den Verlust der eigenen kulturellen Identität und keinen Zugang zur dominanten kulturellen Gruppe.
(z.B. »Heutzutage ist es schwer, unter den Deutschen oder den Türken jemanden zu finden, zu dem man eine wirkliche Beziehung aufbauen kann und mit dem man seine inneren Gefühle und Gedanken teilen kann.«)

In Bezug auf die Aufnahmegesellschaft spielen Einstellungen zu den im Lande lebenden Einwanderern (Migranten, Asylanten, Flüchtlinge, Spätaussiedler etc.) eine wichtige Rolle sowohl für die Ausbildung als auch für die erfolgreiche Praktizierung der Akkulturationsstrategien. Den Angehörigen der Aufnahmegesellschaft stellen sich ebenfalls zwei Fragen:

1. Sollen die Einwanderer ihre kulturelle Identität beibehalten?
2. Sollen die Einwanderer ihre kulturelle Identität aufgeben?

Die Beantwortung dieser beiden Fragen ergibt nach Berry (2001) die in Abbildung 9 dargestellten vier Reaktionstypen: Integration, Assimilation, Segregation, Exklusion / Individualisierung.

		Einwanderer sollen ihre kulturelle Identität behalten	
		ja	**nein**
Herstellen positiver interkultureller Beziehungen	**ja**	Integration	Assimilation
	nein	Segregation	Exklusion Individualisierung

Abb. 9: Reaktionstypen in der Aufnahmegesellschaft in Bezug auf Einwanderer nach Berry (2001)

Integration: Integrationsbemühungen der Einwanderer werden gefordert, sind erwünscht und werden unterstützt.
(z.B.: »Die Türken sollen durchaus ihre Traditionen, ihre Religion und ihre Wertvorstellungen beibehalten und in ihren Familien und Vereinen pflegen. Sie sollen aber die deutsche Sprache erlernen und be-

herrschen, die Werte, Normen, Gesetze und Regeln der deutschen Kultur beachten, aber auch aktiv und produktiv am wirtschaftlichen und gesellschaftspolitischen Leben in unserer Gesellschaft teilnehmen.«)

Assimilation: Einwanderer sollen und müssen so schnell wie möglich ihre herkömmlichen Traditionen, Verhaltensgewohnheiten und ihre kulturelle Identität ablegen und die Werte, Normen und Regeln der Gastkultur internalisieren.

(z.B.: »Türken sollen nicht mit Türken zusammen in Stadtvierteln und Wohnblocks leben, sondern unter Deutschen, damit sie sich schnell an die hiesigen Gepflogenheiten gewöhnen und Deutsche werden.«)

Segregation: Die Einwanderer leben von der Aufnahmegesellschaft getrennt in eigenen ghettoartigen Wohngebieten unter sich und haben allenfalls berufs- und arbeitsbedingte Kontakte zu Mitgliedern der Aufnahmegesellschaft.

(z.B.: »Am Arbeitsplatz komme ich mit den türkischen Mitarbeitern ganz gut zurecht. Aber sonst sollen die ruhig unter sich bleiben, denn mit unseren Werten, Sitten und Gebräuchen können die sowieso nichts anfangen.«)

Exklusion/ Individualisierung: Einwanderer sind unerwünscht, aber unvermeidbar. So werden sie als Außenseiter betrachtet und behandelt, wobei unter günstigen Bedingungen dem einen oder anderen Zugang zur Aufnahmegesellschaft gewährt wird.

> (z.B.: »Grundsätzlich haben Türken hier nichts zu suchen, sie sind eine Belastung für die Gesellschaft und eine Bedrohung für das Sozialsystem. Aber der Osman und seine Familie von nebenan, die sind ganz nett, sind fleißig und haben sich sogar ohne fremde Hilfe ein Haus gebaut. Aber eigentlich sind das auch schon gar keine Türken mehr, sondern bereits Deutsche, wenn sie auch noch in die Moschee gehen.«)

Vergleicht man die in Abbildung 7 und 8 dargestellten Arten der Akkulturation seitens der Einheimischen mit den Reaktionstypen seitens der Aufnahmegesellschaft, so ist »**Integration**«, falls sie tatsächlich gelebt wird und gelingt, die für beide Seiten produktivste und am meisten zufrieden stellende Variante. Sie erfordert aber auch von allen beteiligten ein hohes Maß an Lernbereitschaft, Toleranz, Ausdauer und Wertschätzung sowie hohe Investitionen in die Entwicklung interkultureller Handlungskompetenz.

Die **Assimilation**svariante entlastet die Mitglieder der Aufnahmegesellschaft von jeglicher Intervention in Lern- und Veränderungsbemühungen und belastet dementsprechend hoch die Einwanderer. Sie unterliegen einem enormen Akkulturationszwang, verbunden mit der Aufgabe der eigenen kulturellen Identität und der Verinnerlichung von Werten und Normen der Aufnahmegesellschaft und machen eine radikale Modifikation des eigenkulturellen Orientierungssystems zumindest für die Mitglieder der ersten Einwanderungsgeneration erforderlich.

Separation erzeugt auf beiden Seiten das Gefühl und stärkt die Überzeugung, nicht dazuzugehören. Auf Seiten der Einwanderer kommt noch hinzu, daß sie immer wieder erfahren, keine Chance zu haben, einmal aufgenommen werden zu können resp. etwas leisten zu können, um als vollwertiges Mitglied anerkannt zu werden. Wer von den Einwanderern von vornherein nur auf Zeit zu bleiben gedenkt, kann damit zurechtkommen. Wer aber nach einiger Zeit doch nicht wieder geht, zieht sich mehr und mehr in der Fremde in sich zurück, wobei auf diesem Wege zusätzlich noch die Herkunftskultur immer mehr an Vertrautheit verliert und allmählich selbst zur Fremde wird. Als extreme Konsequenz ergibt sich daraus eine Unfähigkeit, weder in der einen noch in der anderen Kultur zufrieden leben zu können.

Exklusion und Marginalisierung sind im Vergleich zur Segregation/Separation eher ein von der Aufnahmegesellschaft bewusst vollzogener Ausschluss der Einwanderer und wirkt nicht so sehr als Resultat eines schleichenden Entwicklungsprozesses. Beide Varianten sind nur kurzfristig sozialverträglich und eine, wenn auch nicht zufrieden stellende, so doch unter den vorherrschenden Umständen erträgliche Lebensgrundlage. Langfristig führen die damit verbundenen Einstellungs- und Lebensgewohnheiten im Außenbereich zu gesellschaftspolitisch relevanten Spannungen und im inneren zu psychischen Belastungen und zu individuellen Verhaltensstörungen.

Ein auf Dauer angelegtes und zufriedenstellendes Zusammenleben von Menschen, die einwandern und solchen, die im Lande leben, ist nur möglich, wenn auf beiden Seiten die Notwendigkeit zum interkulturellen Lernen und zur Entwicklung interkultureller Handlungskompetenz eingesehen, verstanden und akzeptiert wird und eine dementsprechend nachhaltige Investition in geeignete Programme erfolgt.

5. 6. Interkulturelle Handlungskompetenz

In der bisherigen Behandlung psychologischer Aspekte interkulturellen Handelns wurde neben interkulturellem Lernen immer wieder die Wichtigkeit interkultureller Handlungskompetenz betont. Interkulturelle Kompetenz oder interkulturelle Handlungskompetenz hat in der wissenschaftlichen und in der öffentlichen Diskussion der letzten Jahre, zumal im Verlauf der zunehmenden Internationalisierung der Wirtschaft, an Bedeutung gewonnen. In der Berufs- und Arbeitswelt werden immer häufiger neben den als selbstverständlich angesehenen fachspezifischen Kompetenzen eine Reihe von überfachlichen Kompetenzen, sog. Schlüsselqualifikationen, eingefordert und, sofern noch nicht vorhanden, durch Trainings gefördert. In der modernen Arbeitswelt sind überfachliche Schlüsselqualifikationen wie Führungsfähigkeit, Teamfähigkeit, Kommunikationsfähigkeit, psychische und physische Belastbarkeit, Organisationsfähigkeit etc. schon seit langem von Bedeutung und nun wird interkulturelle Handlungskompetenz als weitere Schlüsselqualifikation von Fach- und Führungskräften gefordert. Entstanden ist diese Entwicklung aus der Erfahrung, daß viele Mißerfolge im Geschäftsleben sowie psychische und physische Belastungen der Auslandsmitarbeiter vermieden werden können, wenn interkulturelle Handlungskompetenz als für die zukünftige Entwicklung zentral bedeutsame Schlüsselqualifikation in Wirtschaft, Politik und Gesellschaft angesehen würde und dementsprechende Qualifikationsprogramme verfügbar wären. Immer mehr Forschungsbefunde und Praxiserfahrungen im Kontext gescheiterter Auslandsunternehmen, z.B. Joint-Venture und internationale Mergers, belegen diese Aussage (Hofstede, 1993; Gertsen et al., 1998; Bergemann & Sourisseaux, 2003[3]; Stahl, 1998; Thomas, 2003b).

Wie der Kulturbegriff, so ist auch der Begriff »Interkulturelle Kompetenz" in der aktuellen Literatur unterschiedlich definiert, je nach Betrachtungsrichtung, eigenen Vorlieben und Forschungserfahrungen. Es besteht aber eine gewisse Übereinstimmung darin, von interkultureller Kompetenz dann zu sprechen, wenn in kulturellen Überschneidungssituationen ein erklärtes Maß an Effektivität bezüglich der Erreichung des Handlungsziels sowie einer Angemessenheit der Handlung bezüglich kultureller Erwartungen der Interaktionspartner besteht.

Für die Diskussion psychologischer Aspekte, die für die interkulturelle Handlungskompetenz von Bedeutung sind, eignet sich folgende interaktionistisch orientierte Betrachtungsweise interkultureller Handlungskompetenz:

»Interkulturelle Handlungskompetenz zeigt sich in der Fähigkeit, kulturelle Bedingungen und Einflußfaktoren im Wahrnehmen, Urteilen, Empfinden und Handeln bei sich selbst und bei anderen Personen zu erfassen, zu respektieren, zu würdigen und produktiv zu nutzen. Dies geschieht im Sinne einer wechselseitigen Anpassung, von Toleranz gegenüber Inkompatibilitäten und einer Entwicklung hin zu synergieträchtigen Formen der Zusammenarbeit, des Zusammenlebens und handlungswirksamer Orientierungsmuster in Bezug auf Weltinterpretation und Weltgestaltung. Interkulturelle Handlungskompetenz ist das Resultat eines Entwicklungs- resp. Lernprozesses, in dem Persönlichkeitsmerkmale und situative Kontextbedingungen so ineinander verschränkt sind, daß dann, wenn Menschen aus unterschiedlichen Kulturen einander begegnen und füreinander bedeutsam werden und dabei eine von gegenseitigem Verständnis getragene Kommunikation und Kooperation möglich wird, die für beide Partner zur optimalen Zielerreichung und zu einem zufriedenstellenden Interaktionsprozeß führt« (Thomas 2003c, S.139).

Interkulturelle Kompetenz ist nicht einfach nur vorhanden oder nicht vorhanden, sondern das Resultat eines Lernprozesses. Sie entwickelt sich in der Auseinandersetzung mit kulturellen Überschneidungssituationen, über interkulturelle Erfahrungen sowie der gezielten Reflexion eigenkultureller und fremdkultureller Orientierungssysteme. Wie schon im ersten Abschnitt ausgeführt, ergibt sich interkulturelle Handlungskompetenz nicht einfach durch »learning by doing« oder aufgrund einer toleranten und weltoffenen Einstellung bzw. als Resultat andauernden weltumspannenden Reisens im Firmenauftrag. Interkulturelles Lernen erschöpft sich auch nicht im Erlernen einiger (exotischer) Merkmale anderer Kulturen oder fremdkultureller Orientierungssysteme und einem Vergleich zwischen den eigenen und den anderen Orientierungssystemen. Vielmehr geht es um die Schaffung der personellen Voraussetzungen dafür, daß die interkulturellen Qualitäten der als kritisch erlebten Kulturbegegnungen erkannt und die sich daraus ergebenden Anforderungen an Planung, Ausführung und Bewertung der kommunikativen, kooperativen und evaluativen Handlungsvorgänge verstanden und akzeptiert werden. Interkulturelle Handlungskompetenz zeigt sich dann darin, daß zur Gestaltung der interkulturellen Situation leistungsrelevante Handlungspotenziale als Ergebnis der interkulturellen Lern- und Verstehensprozesse aktiviert werden und auf dieser Basis in ausreichendem Maße Handlungssicherheit, Handlungsflexibilität und Handlungskreativität zum Einsatz und zur Wirkung kommen. Interkulturelle Kompetenz als Potenzial und interkulturelle Performanz als gekonntes Handeln in kulturellen Überschneidungssituationen entstehen also erst im Verlauf mehrerer aufeinander aufbauender Entwicklungsphasen lernorientierten Handelns.

Die lernpsychologische Forschung, die sozialpsychologische Forschung und die interkulturelle psychologische Forschung haben inzwischen eine Fülle wissenschaftlich gesicherter Erkenntnisse über Bedingungskonstellationen, Verlaufsprozesse und -wirkungen über die im Aufbau interkultureller Handlungskompetenz relevanten Determinanten erbracht, aus denen sich zwar noch keine Theorie zum interkulturellen Handeln entwickeln kann, wohl aber ein erstes handlungs- und lerntheoretisches Konzept interkultureller Kompetenz sich abzuzeichnen beginnt (Thomas, 2003c). Auf diesem Hintergrund läßt sich der Entwicklungsprozeß interkultureller Handlungskompetenz so beschreiben wie in Abb. 10 dargestellt.

Das handlungs- und lerntheoretische Konzept interkultureller Kompetenz kennzeichnet die Entwicklungsschritte des Prozeßgeschehens, ausgehend von den zu einem bestimmten Zeitpunkt vorliegenden personalen und sozialen Bedingungen bis hin zur interkulturellen Handlungskompetenz selbst. Die charakteristischen verhaltens- und handlungsdeterminierenden Einflußfaktoren der einzelnen Entwicklungsschritte werden zu unterschiedlichen Zeiten und Gelegenheiten handlungswirksam, stehen in einem interdependenten Verhältnis zueinander und ändern sich in ihrer Qualität mit jedem Erfahrungs-, Lern-, Verstehens- und Entwicklungsschritt. Betrachtet man diese Prozesse im Kontext interkultureller Begegnungsprogramme, z.B. in Form beruflicher Auslandseinsätze, des Schüler-, Jugend- und Studentenaustausches, der Arbeit international zusammengesetzter Arbeitsteams und Projektgruppen, so ist zu berücksichtigen, daß diese einem mehr oder weniger stark ausgeprägten Veränderungsdruck und Wandlungen über die Zeit hinweg ausgesetzt sind, ohne daß diese Vorgänge dem Handelnden selbst bewusstseinspflichtig sind (Thomas, 2000). Vieles vollzieht sich unbemerkt, gleichsam wie selbstverständlich und bedarf oft keiner gesonderten Aufmerksamkeit.

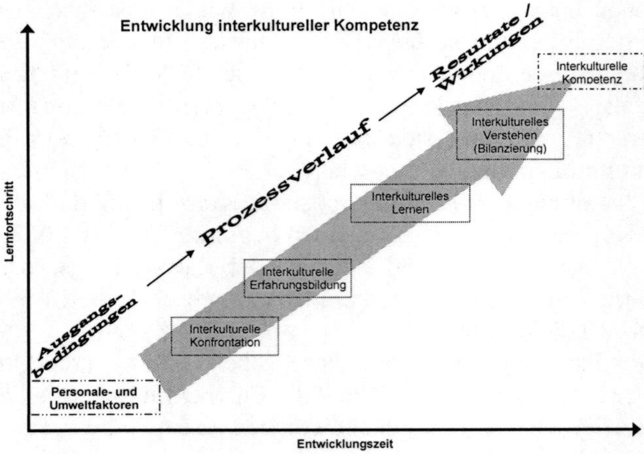

Abb. 10: Entwicklung interkultureller Kompetenz

Im Mittelpunkt des Kompetenzmodells steht individuelles Handeln, das zunächst davon bestimmt ist, kulturelle Überschneidungssituationen erfolgreich, also im Sinne der gesetzten Handlungsziele, zu bewältigen und zu gestalten. Dann wird es von der Intention des Handelnden bestimmt, die dabei gemachten Erfahrungen mit anderen (fremdkulturell geprägten Partnern), mit sich selbst (kritische Reflexion des eigenen Orientierungssystems) und dem, was sich in der Interaktion an Handlungswiderständen, Handlungsgrenzen, unvermeidbaren Inkompatibilitäten und Asymmetrien einstellt, zu vergleichen. Weiterhin wird der Akteur darauf zu achten haben, was sich an Handlungsalternativen, neuen Handlungsmöglichkeiten und zur Entwicklung interaktiver Synergien nutzbarer Potenziale aktivieren lässt, um dies alles zum Lernen und zur Qualifizierung der eigenen Handlungsmöglichkeiten in interkulturellen Überschneidungssituationen zu nutzen.

Das Modell enthält zudem eine dynamische Entwicklungskomponente, als davon ausgegangen wird, daß der Handelnde im Verlauf der Entwicklungsprozesse von einer bestimmten Leistungsfähigkeit ausgehend über verschiedene Stufen hinweg zu einer hochgradig leistungsfähigen interkulturellen Kompetenz sich weiterentwickelt. Zudem liegt dem Modell ein in der Psychologie verbreitetes 3-Phasen-Modell zugrunde, bestehend aus einer Eingangsphase (Inputphasen), einer Verlaufsphase (Prozeßphasen) und einer Resultatphase (Outputphasen). »Interkulturell kompetentes Handeln, etwa die Sensibilität für Inkompatibilitäten beim Aufeinandertreffen kultureller Verhaltens-, Norm- und Wertausprägungen, schlägt sich nieder in interkulturellen Erfahrungen, die Prozesse des interkulturellen Lernens (Leben mit und Ertragenkönnen von inkompatiblen Verhaltensstilen) und des interkulturellen Verstehens (Einsicht in die Ursachen für die Veränderungsresistenz der gezeigten Verhaltensausprägungen) auslösen. Sie stellen ein weiteres Potenzial für interkulturell kompetentes Handeln im Umgang der im Entstehen begriffenen ›Interkultur‹ dar« (Thomas, 2003c).

Verschiedene Varianten interkultureller Trainings und deren Funktionen im Rahmen eines interkulturellen Lernprozesses zeigt die Abbildung 8. Vieles von dem, was in dieser Abbildung zum Einsatz interkultureller Trainings aufgeführt ist, ist nicht nur im Zusammenhang von unternehmensspezifischen Einsätzen im Ausland realisiert, sondern auch im Bereich der Entwicklungszusammenarbeit, der Personalqualifizierung in der Migrationsarbeit, bei Fach- und Führungskräften im internationalen Jugend- und Schüleraustausch. Anderes, wie z.B. das Einarbeitungstraining kurz nach der Ausreise am Ort der Tätigkeit und das während eines längeren Auslandseinsatzes sinnvolle und notwendige Begleittraining sowie das Reintegrationstraining vor der Ausreise, beginnend im Einsatzland und fortgeführt kurz nach der Rückkehr im Heimatland, sind demgegenüber noch vielfach unerfüllte Desiderate. Besonders das Ausnutzen der Erfahrungen, die zurückgekehrte Auslandsmitarbeiter mitbringen und die aufgrund ihrer hohen Fachspezifität und Aktualität von allergrößtem Nutzen für die Vorbereitung aktuell ausreisender Mitarbeiter sein könnten, wenn sie entsprechend lernpsychologisch aufbereitet und eingesetzt würden, ist eine noch hochbedeutsame, aber noch weitgehend ungenutzte Ressource, die der wissenschaftlichen Bearbeitung und praktischen Umsetzung harrt. Trainingsmaterialien, aufbauend auf dem Kulturstandardkonzept und das Trainingsformat des Culture Assimilator (Culture Sensitizer) nutzend, finden sich zu unterschiedlichen Kulturen weltweit in der Publikationsreihe »Handlungskompetenz im Ausland« des Verlags Vandenhoeck & Ruprecht, Göttingen.

Phasen des Auslandseinsatzes	**Auswahl-, Beratungs- und Trainingsmaßnahmen**
Interesse am Auslandseinsatz	← Interkulturelles Sensibilisierungstraining (culture general training)
Personalauswahl	← Auswahlverfahren: - Interview - Interkulturelles AC - Probebesuch im Zielland
Vertragsabschluss für den Auslandseinsatz	← Orientierungstraining mit dem Ziel der Förderung interkultureller Lernfähigkeit und Kompetenz mit zielkulturspezifischen Anteilen: - informationsorientiertes Training - kulturorientiertes Training - interaktionsorientiertes Training - Culture-Assimilator-Training
Ausreise	← Einarbeitungstraining: - Kulturschock-Bearbeitung - interkulturelle Lern- und Erfahrungskompetenz ← Begleittraining: - interkulturelle Reflexions- und Attributionskompetenz - arbeitsspezifische Lern- und Handlungskompetenz (Supervision) - individuelles/teamorientiertes interkulturelles Coaching ← Reintegrationstraining: - Vorbereitung auf die »neue« Arbeitssituation im Stammhaus - Arbeitsübergabe
Rückreise	
Wiedereingliederung ins Stammunternehmen	← Erfahrungs- und Nutzentraining: - Reflexion der interkulturellen Arbeits- und Lebenserfahrungen - Weitergabe an Nachfolger und neue Auslandsmitarbeiter - Expertenpool

Abb. 11: Einsatz interkultureller Trainings

6. Entwicklungsperspektiven der Interkulturellen Psychologie

Die interkulturelle Psychologie bedient sich psychologischer Theorien und Methoden zur Beschreibung, Analyse, Beurteilung und Vorhersage psychischer Prozesse im Zusammenhang mit Verhalten und Erleben in kulturellen Überschneidungssituationen. Sie entwickelt aber auch wie jedes andere Teilfach der Psychologie eigene Methoden der Datenerhebung, der Datenanalyse und der Dateninterpretation. Von besonderer Bedeutung ist dabei der Anwendungsbezug: Interkulturelles Handeln soll erleichtert, effektiver und zufrieden stellender verlaufen. Kulturelle Unterschiede sollen nicht so sehr als Belastung und Behinderung, was sie zweifelsohne vielfach sind und bleiben, erlebt und ertragen werden, sondern der Bereicherung, zur Horizonterweiterung und als produktiv nutzbares Potenzial dienen.

Zur Belustigung oder Erbauung hat kulturelle Vielfalt oft als Exotik konsumiert immer schon gedient, und für die bildende Kunst, die Musik, für Theater und Tanz hat sie traditionell eine zentrale Bedeutung. Die hierbei erfahrene Konfrontation mit Fremdheit, Andersartigkeit und kultureller Vielfalt ging man freiwillig ein und konnte sich zu jeder Zeit aus ihr zurückziehen, sie war auf Distanz zu halten und daher nicht bedrohlich. Selbst die in einem fest gebuchten und im Voraus bezahlten Urlaub erlebte Fremdheit scheint nur in Ausnahmefällen, z.B. bei unvorhergesehenen Ereignissen wie Unfällen, Naturkatastrophen, Reiseplanänderung, bedrohlich zu werden. In der Geborgenheit der organisierten und geleiteten Pauschalreise bleibt Fremdheit ein mit Freude und gelegentlich wohligem Schauern konsumierbare Erscheinung, der man auch nach Belieben und Befindlichkeitszustand jederzeit ausweichen kann.

Ein internationaler Schüleraustausch mit Familienunterbringung und Schulbesuch im Gastland oder ein Workcamp-Einsatz in Ostafrika erzwingen einen völlig anderen Umgang mit Fremdheit, da man ihr nicht mehr einfach ausweichen kann, denn sie gehört plötzlich zum Alltagsleben dazu, obwohl immer noch zeitlich begrenzte Rückzüge aus dem Geschehen und die vorzeitige Abreise als Ausweg bleiben. Ein berufsbedingter Arbeitseinsatz im Ausland, die Führung ausländischer Mitarbeiter und das Arbeiten unter ausländischer Leitung konfrontieren noch unausweichlicher mit Fremdheit und erwartungswidrigem Verhalten und zwingen so in viel stärkerem Maße zur differenzierteren Beschäftigung mit der jeweils vorgefundenen und konkret erlebten Fremdheit, da Ausweichen und Abbrechen mit hohen materiellen und immateriellen Kosten verbunden ist und unvorhersehbare negative Folgen haben kann. Vertreibung, Verfolgung, Verelendung, erzwungene Auswanderung, Flucht und dadurch bedingte Migration in ein Aufnahmeland evtl. mit der Gewißheit, daß eine Rückkehr ausgeschlossen ist, und mit dem bewußt sein, daß die Menschen im Aufnahmeland ablehnend bis feindlich reagieren, läßt die erlebte Fremdheit als existenzielle Bedrohung erfahren, womöglich ohne Chancen einer aktiven Bewältigung im Sinne der oben beschriebenen Integration.

Alle diese unterschiedlichen Erfahrungen von Fremdheit und die entsprechenden Verarbeitungsversuche sind abhängig von den selbst gesetzten und den von der sozialen Umwelt gesetzten und den vom Handelnden in Bezug auf seine soziale Umwelt vermuteten Ziele, Erwartungen, Intentionen und Motive. Es sind zudem keine einmaligen Ereignisse, sondern sie vollziehen sich als fortlaufender Prozeß, eingebettet in den lebensbestimmenden Ereignisstrom.

Kulturelle Fremdheit, die nicht nur aus der Distanz unverbindlich betrachtet und konsumiert wird, sondern die provoziert, zur Auseinandersetzung zwingt, die die ichnahen Bereiche der Persönlichkeit erfaßt und eine unausweichliche Herausforderung darstellt, hat weit reichende Folgen für die Persönlichkeitsentwicklung. Das zeigen Untersuchungen über die Wirkungen der Teilnahme an kurzfristigen – evtl. nur zweiwöchigen – internationalen Jugend- und Schülerbegegnungsprogrammen auf die Persönlichkeitsentwicklung (Thomas, Abt & Chang, 2006).

In Bezug auf die Weiterentwicklung der interkulturellen Psychologie lassen sich unter Berücksichtigung verschiedener Teildisziplinen der Psychologie eine ganze Reihe von Fragestellungen formulieren, deren Beantwortung immer dringender wird:

1. Unter entwicklungspsychologischen Aspekten stellen sich beispielhaft folgende Fragen:

1. 1. Welche aus der bisherigen Lebensbiographie ableitbaren Persönlichkeitsmerkmale fördern eine produktive Verarbeitung fremdkultureller Erfahrungen und welche aktivieren Blockaden, Verunsicherungen, Orientierungsdefizite und Rückzugsintentionen?
1. 2. Welche Entwicklungsverläufe ergeben sich aus nachhaltigen fremdkulturellen Konfrontationen in Bezug auf interkulturelles Lernen und eine interkulturelle Kompetenzentwicklung mit und ohne formalisierte Trainingsintervention?
1. 3. Wie werden fremdkulturelle Konfrontation und interkulturelle Erfahrungen verarbeitet und welche Konsequenzen ergeben sich, wenn sie unter spezifischen Handlungsbedingungen (Arbeitseinsatz, Studium, Entwicklungszusammenarbeit, schulischer Kontext, Militäreinsätze etc.) stattfinden?
1. 4. Wie verändert sich im Verlauf eines Akkulturationsprozesses die Wahrnehmung und Interpretation von Fremdheit und welche handlungsregulierenden Konsequenzen ergeben sich daraus?

2. Unter sozialpsychologischen Aspekten sind folgende Fragen beispielhaft von Bedeutung:

2. 1. Welche Rolle spielt gewährte und eingeforderte soziale Unterstützung im Heimatland und im Gastland bei der Bewältigung von Akkulturationsstreß?

2. 2. Wie verändern sich die Eigen- und Fremdgruppenkategorisierungen und die damit verbundenen Identitätsaspekte (Theorie der sozialen Identität) im Verlauf interkulturellen Lernens und einer gelungenen Integration in die Gastkultur?
2. 3. Wie wirkt sich kulturelle Heterogenität in interkulturellen Trainingsgruppen auf die Effektivität des Lernens aus?
2. 4. Wie lassen sich in einer interkulturellen Begegnungs- und Kooperationssituation kulturspezifische Merkmale Vertrauen stiftenden Verhaltens identifizieren und effizient einsetzen?
2. 5. Wie verändern sich Aspekte der personalen, sozialen und kulturellen Identität durch eine dauerhafte Auseinandersetzung mit kulturellen Überschneidungssituationen?

3. Unter lernpsychologischen Aspekten sind folgende Fragen beispielhaft zu nennen:

3. 1. Wie lassen sich interkulturelles Erfahrungslernen vor Ort und nach dem Prinzip des situierten Lernens organisiertes formalisiertes Training so verzahnen, daß ein Lern- und Leistungsoptimum erreicht wird?
3. 2. Wie läßt sich bereits erworbenes aktuelles und praxisnahes interkulturelles Wissen so erfassen und dokumentieren, daß es für interkulturelle Trainings nutzbar gemacht werden kann (interkulturelles Wissensmanagement)?
3. 3. Wie läßt sich ein ergiebiger Lerntransfer zwischen erlerntem interkulturellem Wissen und seiner Anwendung in konkreten kulturellen Überschneidungssituationen herstellen?
3. 4. Wie lassen sich kulturgeprägte Formen des Lernens und kulturspezifische Lernstile so aufeinander ab-

stimmen, daß motivierendes und produktives interkulturelles Lernen gelingt?

3. 5. Wie lassen sich interkulturelle Trainings so flexibel gestalten, daß Inhalt und Methodik den individuellen Handlungsorientierungen der Trainingsteilnehmer entsprechen?

4. Unter differenzialpsychologischen Aspekten sind folgende Fragestellungen beispielhaft zu nennen:

4. 1. Wie lassen sich individuelle und kulturspezifische Verhaltensdeterminanten voneinander unterscheiden?

4. 2. Welche personspezifischen Einstellungs- und Verhaltensdeterminanten sind optimale Voraussetzungen zur produktiven Bewältigung von Akkulturationsanforderungen und zur Entwicklung interkultureller Handlungskompetenz?

4. 3. Welche Auswirkungen haben vielfältige Erfahrungen im Umgang mit kulturellen Überschneidungssituationen auf die Entwicklung der individuellen Persönlichkeit?

4. 4. Sind in Bezug auf Persönlichkeitsmerkmale eher homogen oder heterogen zusammengesetzte plurikulturelle Arbeitsgruppen leistungsfähiger?

Die interkulturelle psychologische Forschung wird zukünftig einen immer bedeutsameren Beitrag zur Analyse interpersonaler und intergruppenbezogener Zusammenarbeit von Menschen aus unterschiedlichen Kulturen leisten können, und das aus drei Gründen:

1. Mit steigenden Ansprüchen an die Qualität der Zusammenarbeit nehmen die Anforderungen an interkultureller Handlungskompetenz zu. Dabei spielen Sensibilität, Empathie, Perspektivenwechsel etc. in Bezug auf die kulturellen Determinanten und ihre Bedeutung für das Gelin-

gen der interpersonalen/intergruppalen Zusammenarbeit in kulturellen Überschneidungssituationen eine zentrale Rolle. Hierzu hat die Psychologie, speziell die Wahrnehmungspsychologie, Kognitionspsychologie, Emotionspsychologie, Entscheidungspsychologie, Sozialpsychologie etc., wichtige grundlagenwissenschaftliche Erkenntnisse beizutragen.

2. Das, was die Psychologie bisher an gesicherten wissenschaftlichen Erkenntnissen über menschliches Verhalten und Erleben, seine Bedingungen, Verlaufsprozesse und Wirkungen vorzuweisen hat, ist noch keineswegs alles ausgeschöpft worden, um interkulturelles Handeln in seiner Vielschichtigkeit verstehen und entwickeln zu können (Thomas, Kammhuber & Schroll-Machl, 2003; Thomas, Kinast & Schroll-Machl, 2005[2]).
3. Mit der zunehmenden Bedeutung interkultureller Forschung und der Anwendung der gewonnenen Erkenntnisse in der interkulturellen Praxis wird die Allgemeine und die Angewandte Psychologie nicht nur als Lieferant für brauchbare, wissenschaftlich gesicherte Erkenntnisse in Anspruch genommen, sondern sich auch selbst (wieder) stärker ihrer kulturellen Bedingtheiten im Kontext der Theorie-, Methoden- und Themenentwicklung bewußt werden und die daraus erforderlichen Konsequenzen zu ziehen haben.

Literaturliste

Bandura, A. (1978). The self in reciprocal determinism. *American Psychologist, 33*, 344–358.

Bergemann, N. & Sourisseaux, A. L. (Hrsg.) (2003). *Interkulturelles Management*. 3. Auflage. Berlin: Springer.

Berry, J. W. (1990). Psychology of acculturation. Understanding individuals moving between cultures. In R. W. Brislin (Ed.), *Applied cross-cultural psychology* (232-253). Newbury Park: Sage.

Berry, J. W. (2001). A Psychology of Migration. *Journal of Social Issues*, 57, 615–631.

Boesch, E. E. & Straub, J. (2006). Kulturpsychologische Ansätze. In G. Trommsdorff & H.-J. Kornadt (Hrsg.), *Enzyklopädie der Psychologie. Kulturvergleichende Psychologie, Bd. 1 Theorien und Methoden*. Göttingen: Hogrefe. (im Druck)

Boud, D., Keogh, R. & Walker, D. (1985). What is Reflection in Learning? In D. Boud, R. Keogh & D. Walker (Eds.), *Reflection: turning experience into learning*. London: Kogan Page/Nichols Publishing Company.

Chakkarath, P. (2003). *Kultur und Psychologie. Zur Entwicklung und Standortbestimmung der Kulturpsychologie.* Hamburg: Kovač.

Clancey, W. B. (1997). *Situated Cognition*. Cambridge: University Press.

Eckensberger, L. H. (2003). Auf der Suche nach den (verlorenen?) Universalien hinter den Kulturstandards. In A. Thomas (Hrsg.), *Psychologie interkulturellen Handelns.* 2. Auflage. S. 165-198. Göttingen: Hogrefe.

Literaturliste

Geertz, C. (1989). Anti-anti-Relativism. In M. Krausz (Ed.), *Relativism. Interpretation and Confrontation*. Notre Dame: University Press.

Gertsen, M. C., Söderberg, A.-M. & Torop, E. J. (1998). *Cultural dimensions of international mergers and acquisitions*. Berlin: DeGruyter.

Greeno, J. G., Collins, A. M. & Resnick, L. (1996). Cognition and Learning. In R. C. Calfee & D. C. Berliner (Eds.), *Handbook of Educational Psychology*, pp. 15-46. New York: Mac Millan.

Helpach, W. (1938). *Einführung in die Völkerpsychologie*. Stuttgart: Enke.

Helpach, W. (1953). *Kulturpsychologie*. Stuttgart: Enke.

Herder, J. G. (1784). *Ideen zur Philosophie der Geschichte der Menschheit*. Wiesbaden: Fourier (1985).

Herodot (2004). *9 Bücher zur Geschichte.* Wiesbaden: Marix.

Hofstede, G. (1991). *Culture and organization – Software of the mind*. London: McGraw-Hill.

Hofstede, G. (1993). *Interkulturelle Zusammenarbeit. Kultur, Organisation, Management*. Wiesbaden: Gabler.

Hufnagel, A. & Thomas, A. (2006). *Leben und Studieren in den USA. Trainingsprogramm für Studenten, Schüler und Praktikanten*. Göttingen: Vandenhoeck & Ruprecht. (im Druck)

Jung, C. G. (1912). Wandlungen und Symbole der Libido. *Jahrbuch für psychoanalytische und psychopathologische Forschungen*. Bd. IV.

Kammhuber, S. (2000). *Interkulturelles Lernen und Lehren*. Wiesbaden: Deutscher Universitäts-Verlag.

Kolb, D. A. (1984). *Experiential learning.* Englewood Cliffs: Prentice Hall.

Trommsdorff, G. & Kornadt, H.-J. (Hrsg.), *Enzyklopädie der Psychologie. Kulturvergleichende Psychologie, Bd. 1 Theorien und Methoden*. Göttingen: Hogrefe. (im Druck)

Krewer, B. (1992). *Kulturelle Identität und menschliche Selbsterforschung*. Saarbrücken: Breitenbach.

Kroeber, A. L. & Kluckhohn, C. (1952). *Culture: A critical review of concepts and definitions.* Cambridge, 47 (1).

Landis, D. & Bhagat, R.S. (Eds.) (1996). *Handbook of Intercultural Training.* 2. edition. Thousand Oaks, CA.

Landis, D. & Brislin, R. W. (Eds.) (1983). *Handbook of intercultural training, Vol. 1–3*. New York: Pergamon.

Landis, D., Bennett, M. J. & Bennett, M. (Eds.) (2004). *Handbook of intercultural training*. 3. edition. Thousand Oaks: Sage.

Lazarus, M. & Steinthal, H. (Hrsg.) (1860/1997). Einleitende Gedanken über Völkerpsychologie, als Einladung zu einer Zeitschrift für Völkerpsychologie und Sprachwissenschaft. *Zeitschrift für Völkerpsychologie und Sprachwissenschaft, 1,* 1-73 (Wieder abgedruckt in G. Eckardt (Hrsg.) (1997a), *Völkerpsychologie – Versuch einer Neuentdeckung. Texte von Lazarus, Steinthal und Wundt* (S. 125–202). Weinheim: Beltz/Psychologie Verlags Union).

Nestle, W. (1940). *Vom Mythos um Logos. Die Selbstentfaltung des griechischen Denkens von Homer bis auf die Sophistik und Sokrates.* Stuttgart: Körner.

Redfield, R., Linton, R. & Herskovits, M. J. (1936). Memorandum on the study of acculturation. *American Anthropologist, 38,* 149-152.

Schermer, F. (1991). *Lernen und Gedächtnis*. Stuttgart: Kohlhammer.

Schönpflug, Ute (2003a). Migration aus kulturvergleichender psychologischer Perspektive. In A. Thomas (Hrsg.), *Kultur-*

vergleichende Psychologie, 2. überarb. und erw. Auflage, 515-541. Göttingen u. a.: Hogrefe, Verlag für Psychologie.

Schönpflug, Ute (2003b). Migration und Integration. In Thomas, A., Kammhuber, S. & Schroll-Machl, S. (Hrsg.), *Handbuch Interkulturelle Kommunikation und Kooperation. Band 2: Länder, Kulturen und interkulturelle Berufstätigkeit.* 328-341. Göttingen: Vandenhoeck & Ruprecht.

Schroll-Machl, S. (2002). *Die Deutschen – Wir Deutsche. Fremdwahrnehmung und Selbstsicht im Berufsleben.* Göttingen: Vandenhoeck & Ruprecht.

Schwartz, D. L., Lin, X., Brophy, S. & Bransford, J. D. (1999). Toward the development of flexibily adaptive instructional design. In C. M. Reigeluth (Ed.), *Instructional design and models, Vol II*. Hillsdale: Erlbaum.

Stahl, G. K. (1998). *Internationaler Einsatz von Führungskräften*. Berlin: Oldenbourg.

Straub, J. & Thomas, A. (2003). Positionen, Ziele und Entwicklungslinien der Kulturvergleichenden Psychologie. In A. Thomas (Hrsg.), *Kulturvergleichende Psychologie*. 2. Auflage, S. 29 – 80. Göttingen: Hogrefe.

Straub, J. (2005). Der weite Weg der Kulturpsychologie und kulturvergleichenden Psychologie. (Rezensionsaufsatz zu: Pradeep Chakkarath: Kultur und Psychologie). *Handlung, Kultur, Interpretation. Zeitschrift für Sozial- und Kulturwissenshcaften* (im Druck).

Straub, J. (2006). Abhandlung über historische Positionen und Entwicklungslinien einer Kultur integrierenden Psychologie. In Trommsdorff, G. & Kornadt, H.-J. (Hrsg.), *Enzyklopädie der Psychologie. Kulturvergleichende Psychologie, Bd. 1 Theorien und Methoden*. Göttingen: Hogrefe. (im Druck)

Stumpf, S. (2003). Interkulturelles Management. In A. Thomas, S. Kammhuber & S. Schroll-Machl (Hrsg.), *Handbuch*

Interkulturelle Kommunikation und Kooperation. Bd. 2: Länder, Kulturen und interkulturelle Berufstätigkeit. S. 229-242. Göttingen: Vandenhoeck & Ruprecht.

Thomas, A., Abt, H. & Chang, C. (Hrsg.) (2006). *Erlebnisse, die verändern – Langzeitwirkungen der Teilnahme an internationalen Jugendbegegnungen.* Göttingen: Vandenhoeck & Ruprecht. (im Druck)

Thomas, A. (1991). *Grundriß der Sozialpsychologie. Band 1. Grundlegende Begriffe und Prozesse*. Göttingen: Hogrefe.

Thomas, A. (1993). *Kulturvergleichende Psychologie – Eine Einführung*. Göttingen: Hogrefe.

Thomas, A. (1999). Kultur als Orientierungssystem und Kulturstandards als Bauteile. In Institut für Migrationsforschung und Interkulturelle Studien (Hrsg.), *IMIS-Beiträge 10/1999* (S. 91-130). Bramsche: Rasch Druckerei und Verlag GmbH.

Thomas, A. (2000). Forschungen zur Handlungswirksamkeit von Kulturstandards. In *Kultur Handlung Interpretation – Zeitschrift für Sozial- und Kulturwissenschaften, 9 (2)*, 231–279.

Thomas, A. (2003a). *Kulturvergleichende Psychologie*. 2., überarbeitete und erweiterte Auflage. Göttingen: Hogrefe.

Thomas, A. (2003b). Lernen und interkulturelles Lernen. In A. Wierlacher & A. Bogner (Hrsg.), *Handbuch interkulturelle Germanistik*. Stuttgart, Weimar: Metzler.

Thomas, A. (2003c). *Interkulturelle Kompetenz – Grundlage, Probleme und Konzepte.* Erwägen, Wissen, Ethik (EWE) – Streitforum für Erwägungskultur, 14 (1), 137 – 228. Stuttgart: Lucius & Lucius Verlagsgesellschaft.

Thomas, A., Kammhuber, S. & Schroll-Machl, S. (Hrsg.) (2003). *Handbuch Interkulturelle Kommunikation und Ko-*

operation. Band 2: Länder, Kulturen und interkulturelle Berufstätigkeit. Göttingen: Vandenhoeck & Ruprecht.

Thomas, A., Kinast, E.-U. & Schroll-Machl, S. (Hrsg.) (2005). *Handbuch Interkulturelle Kommunikation und Kooperation, Bd. 1: Grundlagen und Praxisfelder*. 2. Auflage. Göttingen: Vandenhoeck & Ruprecht.

Thomas, A., Layes, G. & Kammhuber, S. (1998). *Sensibilisierungs- und Orientierungstraining für die kulturallgemeine und die kulturspezifische Vorbereitung von Soldaten auf internationale Einsätze*. München: Verlag für Wehrwissenschaft.

Thomas, A. & Schenk, E. (2005). *Beruflich in China*. 2. Auflage. Göttingen: Vandenhoeck & Ruprecht.

Thurnwald, R. (1924). Zum gegenwärtigen Stande der Völkerpsychologie. *Kölner Vierteljahreshefte für Soziologie, IV*, 32-43.

Triandis, H. C. (1989). Intercultural Education and Training. In P. Funke (Ed.), *Understanding the USA – A Cross-Cultural Perspective* (. 305-322). Tübingen: Gunter Narr Verlag.

Triandis, H. C. & Vassiliou, V. (1972). A comparative analysis of subjective culture. In H.C. Triandis et al. (Eds.), *The analysis of subjective culture* (299-335). New York: Wiley.

Weidenmann, B. & Krapp, A. (1986). *Pädagogische Psychologie – Ein Lehrbuch*. Weinheim: Beltz.

Wundt, W. (1904). *Völkerpsychologie*. Leipzig: Engelmann.

Wundt, W. (1911). Sprache. *Völkerpsychologie, Bd. 1*. Leipzig: Kröner.

Wundt, W. (1913). *Elemente der Völkerpsychologie – Grundlinien einer psychologischen Entwicklungsgeschichte der Menschheit*. Leipzig: Kröner.

Zigler, E. F. & Child, I. L. (1969). Socialization. In G. Lindzey & E. Aronson (Eds.), *The Handbook of Social Psychology (Vol. III, 2nd ed.)* (pp. 450-589). Reading, Mass.: Addison-Wesley.

Der Autor und das Buch

Alexander Thomas, geboren 1939, ist Professor für Sozialpsychologie und Organisationspsychologie an der Universität Regensburg. Sein Forschungsschwerpunkt ist die Psychologie interkulturellen Handelns mit Projekten wie z.B. zur Handlungswirksamkeit zentraler Kulturstandards, zu interkultureller Synergie in Arbeitsgruppen, zu interkulturellen Trainings in der Bundeswehr und zu Langzeitwirkungen in internationalen Jugendaustauschprogrammen; außerdem ist er Mitinitiator des seit 10 Jahren bestehenden Forscher-Praktiker-Dialogs zur Qualifizierung des internationalen Jugendaustausches.

Die interkulturelle Psychologie befasst sich als wissenschaftliche Teildisziplin der Psychologie mit der Frage, welche psychologisch relevanten Bedingungen, Verlaufsprozesse und Wirkungen sind zu beobachten, wenn Menschen aus verschiedenen Kulturen aufeinander treffen, füreinander bedeutsam werden, miteinander kommunizieren und kooperieren. Unter anwendungswissenschaftlichen Aspekten stellt sich die Frage, welche Fähigkeiten und Fertigkeiten auf Seiten der Partner vorhanden sein müssen und welche Kontextbedingungen gegeben sein sollten, damit interkulturelles Handeln für beide Seiten erfolgreich und zufriedenstellend verläuft. Bedeutsam wird die Interkulturelle Psychologie besonders in Zusammenhang mit der immer stärker in den Mittelpunkt der Öffentlichkeit tretenden »interkulturellen Handlungskompetenz« aufgefasst als überfachliche Schlüsselqualifikation zur Optimierung interkultureller Begegnungs- und Kooperationsprozesse. Zentrale psychologische Aspekte, theoretische Grundlagen für die wissenschaftliche Erkenntnisse, die diesen Themen zu Grunde liegen, werden vorgestellt und diskutiert und anhand von Fallbeispielen aus der beruflichen Praxis veranschaulicht. Schließlich werden noch Entwicklungsperspektiven der interkulturellen Psychologie aufgezeigt.